COMO TRANSFORMAR SEU TALENTO EM UM NEGÓCIO DE SUCESSO

COMO TRANSFORMAR SEU TALENTO EM UM NEGÓCIO DE SUCESSO

O PASSO A PASSO PARA EMPREENDEDORES DE ALTA PERFORMANCE

SILVINA ANA RAMAL

ALTA BOOKS
GRUPO EDITORIAL
Rio de Janeiro, 2023

Como Transformar seu Talento em um Negócio de Sucesso

ISBN: 978-85-508-1891-7

Impresso no Brasil — 1ª Edição, 2023 — Edição revisada conforme o Acordo Ortográfico da Língua Portuguesa de 2009.

Dados Internacionais de Catalogação na Publicação (CIP) de acordo com ISBD

R166c Ramal, Silvina Ana

Como transformar seu talento em um negócio de sucesso: o passo a passo para empreendedores de alta performance / Silvina Ana Ramal. - Rio de Janeiro : Alta Books, 2023.
240 p. ; 16cm x 23cm.

Inclui bibliografia, índice e anexo.
ISBN: 978-85-508-1891-7

1. Empreendedorismo. 2. Planejamento estratégico. 3. Análise de mercado. 4. Marketing. 5. Produto. 6. Vendas. I. Título.

2022-3768 CDD 658.421
CDU 65.016

Elaborado por Odilio Hilario Moreira Junior - CRB-8/9949

Índice para catálogo sistemático:
1.! Empreendedorismo 658.421
2.! Empreendedorismo 65.016

Produção Editorial
Grupo Editorial Alta Books

Diretor Editorial
Anderson Vieira
anderson.vieira@altabooks.com.br

Editor
José Ruggeri
j.ruggeri@altabooks.com.br

Gerência Comercial
Claudio Lima
claudio@altabooks.com.br

Gerência Marketing
Andréa Guatiello
andrea@altabooks.com.br

Coordenação Comercial
Thiago Biaggi

Coordenação de Eventos
Viviane Paiva
comercial@altabooks.com.br

Coordenação ADM/Finc.
Solange Souza

Coordenação Logística
Waldir Rodrigues

Gestão de Pessoas
Jairo Araújo

Direitos Autorais
Raquel Porto
rights@altabooks.com.br

Assistente Editorial
Ana Clara Tambasco

Produtores Editoriais
Illysabelle Trajano
Maria de Lourdes Borges
Paulo Gomes
Thales Silva
Thiê Alves

Equipe Comercial
Adenir Gomes
Ana Carolina Marinho
Ana Claudia Lima
Daiana Costa
Everson Sete
Kaique Luiz
Luana Santos
Maira Conceição
Natasha Sales

Equipe Editorial
Andreza Moraes
Arthur Candreva
Beatriz de Assis
Beatriz Frohe
Betânia Santos
Brenda Rodrigues
Caroline David
Erick Brandão
Elton Manhães
Fernanda Teixeira
Gabriela Paiva
Henrique Waldez
Karolayne Alves
Kelry Oliveira
Lorrahn Candido
Luana Maura
Marcelli Ferreira
Mariana Portugal
Matheus Mello
Milena Soares
Patricia Silvestre
Viviane Corrêa
Yasmin Sayonara

Marketing Editorial
Amanda Mucci
Guilherme Nunes
Livia Carvalho
Pedro Guimarães
Thiago Brito

Atuaram na edição desta obra:

Revisão Gramatical
Alessandro Thomé
Karina Pedron

Ilustrações
Marcelo Tiburcio Vanni

Diagramação
Rita Motta

Capa
Marcelli Ferreira

Editora **afiliada à:** ABDR — Associação Brasileira de Direitos Reprográficos; ASSOCIADO CBL Câmara Brasileira do Livro

ALTA BOOKS GRUPO EDITORIAL
Rua Viúva Cláudio, 291 — Bairro Industrial do Jacaré
CEP: 20.970-031 — Rio de Janeiro (RJ)
Tels.: (21) 3278-8069 / 3278-8419
www.altabooks.com.br — altabooks@altabooks.com.br
Ouvidoria: ouvidoria@altabooks.com.br

SOBRE A AUTORA

Silvina Ana Ramal fundou a própria empresa, ID Projetos Educacionais, que iniciou na incubadora tecnológica da PUC-Rio, e tornou-se referência em sua área de atuação. Por 25 anos, atendeu as maiores empresas do Brasil na área de Educação Corporativa, tendo realizado também projetos na América do Sul e Central, no Canadá e em alguns países da Europa.

Mestre em Administração de Empresas pela PUC-Rio, foi professora nesta universidade nas disciplinas Planejamento de Negócios, Planejamento de Empreendimentos Sociais, Planejamento de Empreendimentos Culturais e Gestão de Pequenas Empresas. Ministrou Planejamento de Negócios também na Fundação Getúlio Vargas, em nível de pós-graduação.

Entre as onze obras publicadas pela autora, destacam-se: *Construindo planos de negócios*, adotado em cursos de graduação de todo o país; os livros de Administração, Gestão de Pequenas Empresas e Secretariado do Telecurso TEC da Fundação Roberto Marinho, e o mais recente, *Mulheres líderes e empreendedoras*, pela editora Alta Books.

Dentre os prêmios recebidos, destaca-se o primeiro lugar no Primeiro Concurso de Elaboração de Casos de Sucesso da Pequena Empresa, organizado pelo Sebrae.

Tendo atuado em diversas associações de classe em cargos de liderança, Silvina também fundou a organização sem fins lucrativos Pro-Social, voltada a projetos para formação de empreendedores no Brasil e na América Latina.

Agradeço especialmente aos profissionais que contribuíram para esta edição:

Antonio Craveiro Silva, advogado tributarista membro do escritório Craveiro Advogados Associados, fez a revisão do conteúdo tributário do livro.

Walter Falcetta e Kerly Tanaka colaboraram na revisão de conteúdo.

O talentoso Marcelo Tiburcio Vanni criou todas as ilustrações.

Agradeço também à equipe da Alta Books, sempre atenciosa e competente.

SUMÁRIO

PREFÁCIO

Caro leitor, nesta segunda edição, procuramos manter a simplicidade do conteúdo que caracterizou a edição original.

O livro é fruto de anos de pesquisa como professora, pesquisadora e autora na área de empreendedorismo. Mas os conteúdos apresentados são exclusivamente aqueles que me ajudaram na minha própria prática diária como empreendedora e gestora de empresas ao longo de trinta anos.

Um empreendedor precisa otimizar seu tempo. Portanto, o livro continuou focando as informações estratégicas para levar sucesso às suas atividades. Ninguém precisa se tornar um repositório de conhecimento teórico para ter uma empresa, mas, sim, um detentor das ferramentas certas para ir a campo e gerar resultados.

Além disso, o objetivo foi apresentar tudo da maneira mais objetiva possível, de modo que todos possam aprender e aplicar imediatamente os conceitos apresentados.

A linguagem e os exemplos tentam abranger desde o doutor em engenharia que está abrindo uma empresa de consultoria até o artesão talentoso que planeja ter uma loja própria.

Na segunda edição, alguns conceitos foram modernizados. Destaco a inclusão do modelo *Business Model Canvas*, muito utilizado hoje em ambientes de empreendedorismo como alternativa ao plano de negócios tradicional. Nos anexos você encontrará um modelo de cada um dos formatos para usar como roteiro.

Também enriquecemos o texto com depoimentos de empreendedores. Procuramos manter intactas suas falas, embora fosse grande a tentação de conduzir as entrevistas para que se adequassem didaticamente ao texto do livro. Manter a espontaneidade do depoimento ajudou a ilustrar os desafios da vida real e a criatividade para solucioná-los.

O livro se atualizou para incorporar a revolução trazida pelas tecnologias de informação e comunicação que passou como um tsunami no mercado, destruindo alguns negócios e mudando radicalmente outros. Este foi também o tempo da pandemia e do consequente isolamento prolongado, em que heroicos empreendedores adotaram novas estratégias para sobreviver e onde vimos nascer um novo estilo de vida.

Espero sinceramente que o livro inspire grandes realizações e conquistas. Estou torcendo pelo seu sucesso.

INTRODUÇÃO

Assim era o mundo no início dos tempos

Grandes matas virgens. Ou desertos... Os agrupamentos humanos eram nômades, ou seja, andavam para lá e para cá, procurando meios de sobreviver. Os clãs sofriam com muito calor ou muito frio, tinham que caçar para comer e adoeciam facilmente. Uma pessoa de 30 anos era considerada velha, pois tudo era difícil, até mesmo se manter vivo.

Aos poucos, inventou-se a agricultura, depois vieram a indústria e o setor de serviços. Já pensou em quanto conforto você tem hoje com a

vida moderna? As pessoas contam com energia elétrica e água potável encanada. E mais: com a evolução da tecnologia, podem acordar no Rio de Janeiro e dormir em Budapeste, calçar um tênis produzido na Indonésia ou visitar, pela internet, uma exposição científica ou artística em Tóquio ou Pequim.

Tudo isso é resultado da atividade empreendedora. Começou lá atrás, quando alguém decidiu semear um campo de trigo ou criar uma vaca em regime de confinamento.

O empreendedor produziu, desenvolveu o comércio e inventou as trocas econômicas. Antigamente, os seres humanos tinham somente aquilo que fabricavam ou coletavam com as próprias mãos. Por meio da criação da moeda, o ferreiro passou a poder trocar uma espada por queijo. E um criador de cavalos pôde trocar um deles por casacos de lã para sua família.

O empreendedor, portanto, é aquela pessoa que olha para o nada, ali onde às vezes só há mato, e imagina um jeito de fazer o mundo melhor.

Pense em todos os negócios que existem no mundo. Por trás de cada um, há um empreendedor que teve um sonho ou uma ideia. Ele arriscou tempo, dinheiro e trabalhou de sol a sol, com muito afinco. Muitas vezes, teve que deixar a família sozinha até tarde da noite para desenvolver seu projeto.

Foi o caso, por exemplo, de Thomas Alva Edison, Nikola Tesla e George Westinghouse, cujos sonho era tirar o mundo do breu noturno. Eles se sacrificaram durante décadas, passando noites e mais noites sem dormir, para iluminar e mover o planeta com a energia elétrica.

Muitas vezes, sonhadores como esses ouvem aquela voz de reprovação: "Você está doido! Vá procurar um emprego fixo." Mas o empreendedor não desiste de sua ideia: ele acredita e se empenha em vê-la realizada. Afinal, se todos resolvessem se tornar funcionários dos outros, nada de novo surgiria – nem negócios, nem empregos!

Normalmente, quando pensamos em negócios, pensamos em grandes empresas, como Petrobras, Vale ou Banco Itaú. Há, no entanto, muita gente menos conhecida, mas de muito valor, promovendo trocas econômicas. São, por exemplo, os pequenos agricultores, as donas de confecções, os lojistas, os carpinteiros, as doceiras e os artesãos, entre outros. Eles merecem apoio para desenvolver seus negócios, pois, quando crescem, movimentam o mercado, e toda a sociedade se beneficia.

E, quer saber? Os países deviam cuidar melhor dos pequenos negócios, pois, hoje, são eles que fazem a grandeza da economia.

Segundo o Serviço de Apoio às Micro e Pequenas Empresas (Sebrae), foram abertos, em 2020, ano e, que fomos assolados pela covid-19, 626.883 empreendimentos desse porte. Desse total, 532.851 eram microempresas (85%), e 94.032 (15%) eram empresas de pequeno porte. Esse perfil de negócio é responsável atualmente por 54% dos empregos formais no Brasil (dados de 2019) e por 44% da massa salarial dos trabalhadores.

Em 2020, o segmento garantiu a abertura de 293,2 mil postos de trabalho com carteira assinada. Nesse mesmo período, os médios e grandes negócios fecharam 193,6 mil vagas. Entre janeiro e março de 2021, as micro e pequenas empresas criaram 587 mil novos postos de trabalho com carteira assinada, o que representou 70% do total de novas ocupações. As médias e grandes companhias foram responsáveis por somente 190 mil empregos.

Conferindo a série histórica, vale destacar que, entre 2011 e 2018, os empregados de pequenos negócios tiveram seus salários elevados em 11,2%. Nas médias e grandes empresas, o crescimento foi de apenas 4,4%.

Este livro é uma homenagem a você, empreendedora e empreendedor, que faz a riqueza deste país. E àqueles que estão fazendo planos para o futuro. Pretendo, pois, apresentar alguns conceitos de gestão de negócios para que você se fortaleça, empregue cada vez mais pessoas e faça toda a diferença para a coletividade.

Empregos gerados no Brasil em 2020

Você, como pequeno empreendedor, tem grande valor, e esperamos que este livro seja fonte permanente de aprendizado e inspiração. Que ele se torne um guia prático para sua caminhada. Que conduza ao sucesso pessoal e à prosperidade compartilhada.

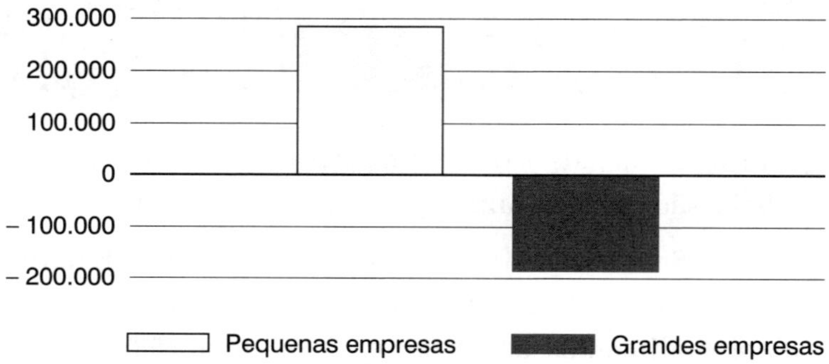

Fonte: Sebrae, com base em dados do Ministério da Economia.

ASPECTOS PRELIMINARES

Você já se sentiu empolgado, animado com alguma coisa? Com um sonho, um projeto? É muito bom se sentir assim, não é? Mas, se você reparar bem, nem sempre a animação basta para que um projeto dê certo. A empolgação é uma coisa boa, que nos impulsiona para frente, mas é preciso procurar saber para onde ela nos conduz. Este livro vai falar muito de planejamento, mas antes de começar a planejar ou renovar seu negócio, é importante que você, empreendedor, determine o que deseja para si mesmo, de que forma pretende se desenvolver e o que espera entregar para a sociedade. Afinal, todo negócio é o retrato de seu empreendedor. Então, vamos falar um pouco de planejamento pessoal?

Leia a história a seguir, que trata da importância do planejamento pessoal.

DESPERTANDO PARA UMA NOVA VIDA

Quando eu era criança, sonhava em me tornar professor de História. Até brincava de dar aula para outras crianças. Minha mãe tinha orgulho disso e sonhava junto comigo.

Mamãe é migrante de Campina Grande, na Paraíba. Veio para esta grande capital com cinco filhos e, para garantir nossos estudos, trabalhou a vida inteira como costureira em uma confecção.

A questão é que, aos 12 anos, eu descobri os jogos digitais e fiquei totalmente viciado. Quando chegava a noite, minha mãe me perguntava sobre as lições. Eu dizia que tinha estudado, mas era mentira. Na verdade, lutara para manter minha boa colocação no ranking internacional que o jogo oferecia.

Também havia as conversas por WhatsApp com amigos ou grupos. Quantas vezes passei o dia teclando com pessoas que eu nem conhecia direito! Essa atividade estendia-se noite adentro, e era comum, no dia seguinte, eu dormir na escola.

Lembro-me de que estava numa aula de Matemática quando apoiei a cabeça sobre a carteira e dormi placidamente. Por que será tão gostoso dormir em sala?

Como num passe de mágica, estou olhando meu rosto no espelho que fica na parede de um bar. O tempo avançou. Tenho 40 anos e estou bebendo com os colegas de trabalho. Como a vida pôde passar tão rapidamente? É impressionante! Parece que foi ontem: eu era criança e tentava a sorte nos jogos digitais.

Relembro minha trajetória como se fosse um filme. Conheci uma menina num grupo de WhatsApp sobre Call of Duty, o tal jogo que era minha paixão. Começamos logo a namorar. E ela engravidou sem querer. Em razão desse acontecimento, nos casamos. Eu tinha apenas 16 anos e fui obrigado a largar a escola para trabalhar. Em breve, afinal, seria um pai de família! Lembro-me da tristeza silenciosa estampada no rosto de minha mãe.

Os empregos se sucederam: faxineiro, atendente de bar, operador de telemarketing e, finalmente, vendedor numa loja de um grande shopping center. Eu invejava meus colegas, porque eles adoravam o que faziam. Mas eu não queria estar ali! Não era o emprego que tinha escolhido.

No final do expediente, dávamos uma esticada. Eles bebiam para se divertir. Eu, porém, bebia para esquecer das minhas amarguras. A vida passa rápido, já tenho 40 anos! Vejo minha face refletida naquele espelho de bar, enquanto meus colegas riem de uma piada que não ouvi. Aliás, estou um pouco bêbado. Tenho bebido muito ultimamente. Mas nem assim passa essa angústia.

Não estudei nada! Não fiz a carreira que queria e não gosto do meu trabalho. Mesmo assim, não tenho coragem de pedir demissão e buscar outro caminho. Meus irmãos são todos formados e construíram carreiras bem-sucedidas. Eu podia ter sido professor de História. Esse era meu sonho! Pesquisar a evolução das civilizações, estudar a biografia dos grandes personagens e, depois, dividir o conhecimento com meus alunos. Eu podia ter sido tão feliz... eu tinha uma mãe que, com muito esforço, oferecia-me todo o suporte!

De repente, no entanto, uma mão toca meu ombro. É o professor de Matemática, pedindo delicadamente para que eu desperte. O quê?! Não acredito! Era tudo um sonho! Ufa! Que alívio! Não sou vendedor em um shopping, não envelheci, não me casei com uma desconhecida do WhatsApp. Ainda tenho 12 anos e, lá na frente, há um quadro-negro com frações, múltiplos e divisores!

A partir daquele dia, tornei-me um aluno destacado. Larguei as distrações e me dediquei aos estudos. Hoje, finalmente estou completando 40 anos! De verdade! Parece aquele velho sonho, mas em outra versão. Estou diante de um espelho, mas numa moderna escola. Tenho prazer de mirar meus próprios olhos. Sou pesquisador e professor de História. Estou casado com uma mulher que é minha melhor amiga. Tenho dois filhos e uma vida feliz.

De vez em quando, estou contando, por exemplo, sobre a luta abolicionista e um aluno pega no sono. Paciente e tolerante, eu coloco a mão sobre aquele ombro distraído. Em geral, o estudante acorda assustado e envergonhado. E eu fico tentando imaginar o que o rapazinho sonhava. Será que a vida dele vai, como a minha, mudar depois de um cochilo?

Responda as seguintes perguntas

Que aprendizagem o sonho trouxe ao protagonista?

Você tem planos para o futuro? Quais?

Você sabe o caminho que tem que percorrer para realizar seus sonhos? Tente descrever.

Quais armadilhas podem desviá-lo do caminho? Como evitá-las?

Agora que você já refletiu sobre a importância do planejamento pessoal, leia o texto a seguir, que trata da importância do planejamento de um negócio.

Revolução na padaria

Durante trinta anos, Joaquim e sua esposa Maria foram donos da padaria do bairro onde moro. Parece que a montaram com as economias que trouxeram de seu país de origem, Portugal. Ao longo desses anos, trabalharam duro: faziam praticamente todos os serviços do negócio. Maria limpava o estabelecimento, enquanto Seu Joaquim cuidava do pão.

Depois, os dois vendiam as mercadorias com a ajuda de um garoto da vizinhança. Ninguém tinha muita certeza de gostar dos produtos que comercializavam. Aliás, os fregueses sempre reclamavam de alguma coisa, mas Maria e Joaquim venceram pela persistência, trabalhando de sol a sol, economizando cada centavo que ganhavam. Com o tempo, quase sem perceber, os moradores do bairro passaram a comprar por hábito, não por preferência. Na verdade, era a única padaria da região. Qualquer pão é melhor do que nenhum, não é mesmo?

Depois de trinta anos de trabalho incansável, o casal podia se orgulhar de ter algum dinheiro guardado, um filho formado na faculdade e com pós-graduação em Gestão de Negócios. Então, resolveram se aposentar.

A venda da padaria

Seu Joaquim não entendeu quando o filho revelou que desejava assumir o negócio. Ora, não o tinha formado para ser padeiro! Como o rapaz não abria mão da ideia, Seu Joaquim acabou por assinar os papéis e fazê-lo responsável pelo estabelecimento.

A gestão do jovem Joaquim

Antes de assumir a gestão da padaria, o jovem Joaquim fez uma pesquisa no bairro. Descobriu do que as pessoas gostavam e do que reclamavam no negócio da família. Listou os produtos que desejavam e não encontravam ali. Soube que havia demanda por serviços de entrega em domicílio. E, também, que os consumidores consideravam os atendentes pouco gentis. Por fim, constatou que o ambiente deveria ser mais iluminado.

Internamente, o jovem Joaquim encontrou problemas. Na relação com os fornecedores, o pai comprava apenas com base no preço. Acabava recebendo produtos de baixa qualidade, pagando fretes altos, e, ainda assim, os prazos de entrega não eram cumpridos. O barato saía caro!

Foram seis meses de muito trabalho, no qual o jovem Joaquim investiu todas as suas economias. Treinou funcionários, melhorou o atendimento, fez reformas nas instalações, estabeleceu uma rede de parcerias com fornecedores, criou até um serviço de pedidos por WhatsApp, com entrega em domicílio.

As pessoas logo notaram a diferença. No fim do primeiro ano, o faturamento, ou seja, o volume de vendas, tinha duplicado, e embora o jovem Joaquim não se preocupasse tanto em baixar custos, a margem de lucro havia aumentado.

No fim do segundo ano, o animado empreendedor já estava procurando um ponto para abrir a primeira filial. Transcorridos cinco anos, já tinha cinco negócios franqueados em diferentes pontos do estado. Sucesso!

Responda as seguintes perguntas

Qual a diferença principal entre a gestão do Seu Joaquim e a do jovem Joaquim?

Você faz alguma coisa para conhecer os desejos dos clientes e atender suas demandas?

Como o planejamento pode afetar o sucesso de um negócio?

Ética e responsabilidade social

- Um trabalho realizado com profissionalismo e planejamento afeta a qualidade de vida das pessoas em geral?
- Como a gestão profissional pode melhorar a relação com fornecedores, funcionários, clientes e comunidade?

01

FORMANDO UM NEGÓCIO

Introdução: estudo de caso

Josefa, Sílvia, João e Luciano são pequenos empreendedores na cidade onde moram e, sempre que podem, encontram-se para conversar.

Modelando um Negócio

O que você acha? Sílvia deve fazer roupas para vender no Natal? Anote suas opiniões no espaço a seguir.

Agora compare suas conclusões com as nossas.

O problema de Sílvia aceitar a possibilidade de fazer roupas, além das almofadas, é que ela estará se transformando em uma faz-tudo, e faz-tudo não é empresário.

Quem já não passou um tempo da vida trabalhando em "serviços diversos"? Antigamente, havia um termo para definir as pessoas que faziam de tudo um pouco: "biscateiro".

O problema do "biscateiro" é que ele:

- Nunca será reconhecido por algum trabalho em especial.
- Nunca terá volume de vendas.
- Dificilmente se especializará.
- Não conseguirá cobrar um preço mais alto por um produto ou serviço.
- E, por isso, nunca sairá do lugar.

Ao ter um negócio e especializar-se em determinado produto ou serviço, o empresário:

- Desenvolve um conhecimento e uma competência.
- As pessoas passam a reconhecer que ele é bom naquilo.
- Pode ter volume de produção.
- Adquire conhecimento sobre o mercado.
- Acaba aprendendo a produzir mais barato, conhece os melhores fornecedores, ganha agilidade e se torna mais eficiente. É o que chamamos de curva de experiência.

Assim, decida: quero ter um negócio ou ser um faz-tudo? Não será possível fazer as duas coisas ao mesmo tempo. Ao longo deste curso, ensinaremos a modelar um negócio. Por enquanto, veremos os dois passos iniciais dessa missão:

- Detectar oportunidades de negócios.
- Transformar uma ideia em negócio.

Detectando oportunidades de negócios

Olhe à sua volta e responda as seguintes perguntas:

- O que as pessoas precisam e ainda não têm?
- O que as pessoas têm, mas poderia ser oferecido com mais qualidade, menor preço, mais eficiência, mais rapidez e/ou mais conforto?

- O que poderia melhorar a qualidade de vida das pessoas?
- Quais dessas demandas podem ser atendidas pelo setor privado, com fins de lucro?
- Alguém está disposto a pagar por esse produto?
- Quais dessas demandas você tem condições, ou pode reunir condições, para atender bem?

Uma das principais habilidades de um empreendedor é observar o ambiente e descobrir novas oportunidades de negócios. Esse talento é importante, porque um negócio deve surgir para atender a uma demanda existente, seja ela declarada ou latente.

A demanda declarada é aquela que as pessoas expressam claramente. Exemplo: "Precisamos de uma boa farmácia aqui no bairro." Uma demanda latente é aquela que expõe necessidades que os potenciais consumidores ainda não enxergam claramente.

Exemplo:

Uma agência que treina e disponibiliza cuidadores em um bairro de alto poder aquisitivo e cheio de idosos. A demanda surge quando os moradores locais se dão conta de que o serviço geriátrico existe e percebem que pode oferecer a solução para um problema real do cotidiano.

Um negócio de sucesso, portanto, é sempre uma resposta a um desejo dos consumidores. Se temos o produto ou serviço buscado, eles vêm comprar conosco. Tornam-se clientes.

É por isso que um empreendedor deve estar o tempo todo conectado com o mundo, pensando no que pode ser aprimorado, prospectando o mercado e detectando mudanças no comportamento do público consumidor.

Diferença entre ideia e negócio

Não basta ter uma boa ideia! Muitas vezes, conhecemos pessoas que, embora tenham ideias brilhantes, nunca conseguem colocá-las em prática.

Para uma ideia ser transformada em um bom negócio, é necessário testá-la.

Para isso, é preciso estar pronto para responder algumas perguntas importantes, que listamos a seguir:

> **Essas sete respostas darão forma de negócio à sua ideia ou projeto de empresa. Sem pensar nelas, você corre o risco de investir tempo e dinheiro em um empreendimento que não produzirá os resultados desejados.**

1. Qual é o meu negócio? Como eu agrego valor aos clientes?
2. Como meu negócio estará em cinco anos?
3. Quem são meus clientes? O que desejam? Qual o tamanho do meu mercado?
4. Que fatia desse mercado posso ter? Como irei conquistá-la?
5. Que produtos e serviços vendo? A que preço? Onde e como vou vender?
6. De que estrutura preciso para operar meu negócio?
7. De que volume de investimento eu preciso? Que rentabilidade terei?

Se souber responder satisfatoriamente a essas perguntas, é porque você já está por dentro do negócio e, de fato, entende do que faz. Caso ainda não tenha respostas, sugerimos que pense no assunto, aproveitando os momentos livres de seu dia. Você deve refletir muito sobre essas questões, até obter respostas claras e precisas para todas elas. Mas não se preocupe caso sinta dificuldade! Esses temas todos serão detalhados ao longo do livro.

ÉTICA E RESPONSABILIDADE SOCIAL

Pense a respeito: uma oportunidade de negócio somente é válida se, de algum modo, melhorar a vida das pessoas.

02

O PLANEJAMENTO ESTRATÉGICO

INTRODUÇÃO: ESTUDO DE CASO

Em sua opinião, o negócio de Sílvia é menos importante do que os outros? Explique.

Agora, compare sua resposta com a nossa

Claro que não! O negócio de Sílvia é tão importante para a vida das pessoas quanto os outros. Nenhum negócio é tão pequeno e sem importância como pode parecer à primeira vista.

Dizemos que alguém é míope em termos de mercado quando tem visão limitada do próprio negócio. Assim, quem vende almofadas está, na verdade, proporcionando conforto, aconchego, decoração e visual bonito para a casa das pessoas.

Vamos começar a delinear nosso negócio. Para isso, alguns conceitos de planejamento estratégico são fundamentais.

PLANEJAMENTO ESTRATÉGICO é o exercício de pensar o negócio, determinar claramente sua finalidade, estabelecer metas e definir como atingi-las.

Missão: o que é o negócio?

A **MISSÃO** é a definição clara de por que aquele negócio existe, com que trabalha, o que faz e para quem faz. A empresa diz, em sua missão, o que é e com qual finalidade está no mercado.

Por que algumas pessoas, empresas e organizações são mais influentes e rentáveis do que outras? Por que muitas obtêm maior fidelidade dos colaboradores e dos clientes? Por que Henry Ford (fundador da Ford) e Steve Jobs (fundador da Apple) tiveram enorme sucesso em seus empreendimentos?

A resposta é simples. Porque ofereciam soluções autênticas para os desejos expressos ou latentes das pessoas. Ford viabilizou a venda de carros para consumidores individuais, e Jobs aprimorou e organizou tecnologias de comunicação rápida e intuitiva entre as pessoas.

Uma missão não deve ter mais do que um parágrafo. Deve definir com clareza o negócio da empresa e ser motivadora para os sócios e seus funcionários. Uma declaração de missão pode incluir, por exemplo:

- Quem são os clientes.
- Quais os produtos e serviços oferecidos.
- Qual a tecnologia aplicada.
- Filosofia (valores, compromissos éticos e crenças).
- Diferencial mais importante.
- Compromisso com a sociedade, meio ambiente.
- Compromisso com os empregados ou membros da empresa.

Ao definir a missão do negócio, é importante um entendimento amplo de seu produto ou serviço, bem como de seu impacto no público-alvo. Um pequeno agricultor, por exemplo, provê alimentação saudável para muitas pessoas.

O dono de uma lanchonete oferece socialização, amizades, lazer, mais do que apenas refeições e bebidas. Almofadas trazem conforto, beleza e aconchego a uma casa. Portanto, cuidado! Não seja excessivamente ambicioso ou excessivamente míope ao definir sua missão. A seguir, trazemos um exemplo de declaração de missão, mas você pode pesquisar outros na internet.

Exemplo de declaração de missão da Endeavour, presente no site da organização.

Aceleramos empreendedoras e empreendedores que aceleram o crescimento do país.

Visão: onde esse negócio estará no futuro?

A **VISÃO** é a definição de para onde o negócio deve ir e onde deve estar no médio prazo, por exemplo, em um horizonte de cinco anos.

A Weg é uma empresa que nos enche de admiração por ser uma multinacional de origem brasileira, hoje presente nos cinco continentes. Ela produz e vende diversos tipos de motores elétricos e turbinas. Segundo o site da empresa, a visão da Weg é:

"Ser referência global em motores, geradores, transformadores e acionamentos elétricos com uma ampla oferta integrada para eletrificação, automação e digitalização."

A visão nos dá um norte. Ao saber onde queremos chegar, definimos como investir nossos recursos e canalizar nossas energias. Também ficamos motivados, pois a vista nos inspira e entusiasma. Por isso, ao pensar a visão, é importante:

- Não ser acanhado demais; uma visão muito fácil não inspira.
- Não ser excessivamente ambicioso; uma visão difícil demais é frustrante, porque logo se vê que é impossível atingir o objetivo.

Objetivos estratégicos: detalhando a missão e a visão

A missão e a visão são atingidas graças a muitas ações que a empresa deve realizar.

São exemplos de objetivos estratégicos:

- O volume que se deseja vender por ano.
- A área geográfica que se quer atingir.
- A linha de produtos que se quer desenvolver.
- A marca que se quer firmar junto aos clientes.

OBJETIVOS ESTRATÉGICOS são as grandes tendências do negócio, os grandes resultados que a empresa deve atingir para chegar à visão que deseja.

Exemplo:

Seu João tem como visão fornecer mamona para a capital de seu estado. Precisa, no entanto, produzir 20 mil quilos por mês.

Visão: fornecer mamona para a capital do estado.

Objetivos estratégicos para o próximo período:

- Desenvolver uma rede de contatos com compradores.
- Melhorar a produtividade da terra, chegando a produzir 550 quilos por hectare.
- Aumentar a área plantada para 50 hectares.

Metas: detalhando os objetivos estratégicos

Na noite de ano-novo, muitas pessoas tomam decisões para mudar seus hábitos e suas condutas. Sabemos, no entanto, que as pessoas não cumprem a maior parte dessas promessas. Na empresa, não é diferente, de modo que projetos excelentes podem ser engavetados por tempo indefinido. Para evitar esse adiamento nos planos, é necessário desdobrar os objetivos em metas.

Um objetivo, portanto, é atingido somente se:

- For desdobrado em atividades ou metas quantificáveis.
- As metas tiverem prazo para acontecer, por meio de um cronograma.
- For definido um responsável para cada meta.

Assim, **METAS** são o detalhamento dos objetivos estratégicos, com medidas quantificáveis, prazo para realização e divisão de responsabilidades entre os envolvidos.

Exemplo:

João deve estabelecer metas para cada objetivo, como mostra a tabela a seguir. Veja que cada meta está associada a uma medida em números, a um prazo e a um responsável.

Atividades do semestre	**Mês**					
Cronograma de trabalho	**1**	**2**	**3**	**4**	**5**	**6**
Objetivo 1: Desenvolver rede de contatos com compradores						
Meta 1: Visitar três compradores conhecidos. Responsável: João.	x	x	x			
Meta 2: Estudar como é o sistema de compra com três colegas produtores. Responsável: Antônia (filha de João).	x	x	x			
Meta 3: Estabelecer a que preço podemos vender aos produtores da capital e quanto temos que entregar. Responsável: Antônia.			x	x		
Objetivo 2: Melhorar a produtividade da terra.						
Meta 1: Adubar a terra. Responsável: João.	x	x	x	x	x	x
Objetivo 3: Aumentar a área plantada para 100 hectares						
Meta 1: Estudar terrenos vizinhos disponíveis para compra. Responsável: Antônia.	x					
Meta 2: Fazer ofertas para os proprietários dos terrenos escolhidos. Responsável: João.		x				
Meta 3: Comprar terreno. Responsável: João.		x	x			
Meta 4: Preparar a terra para plantio. Responsáveis: João e Antônia.				x	x	x

INDICADORES DE DESEMPENHO: VERIFICANDO A "SAÚDE" DE SEU NEGÓCIO

Se sei que tenho que fazer, preciso ver se fiz, e mais, se fiz direito. Então, está na hora de definir: como posso medir minha eficiência e quando posso considerar que atingi uma meta?

INDICADORES DE DESEMPENHO são medidas de comparação que usamos para verificar se estamos trabalhando bem.

Avaliando o exemplo anterior, podemos estabelecer como indicadores de desempenho:

- O tipo de relacionamento constituído com possíveis compradores da mamona.
- O nível de produtividade obtido na terra.
- A extensão de terras disponível.

VALORES: A POSTURA ÉTICA DA EMPRESA MODERNA

Todos nós temos valores, maneiras de ver o mundo, critérios para estabelecer prioridades e fazer escolhas. Esses valores influenciam nossas decisões e atitudes, nossa forma de ser e agir no mundo. Quem gosta de acumular riquezas passará a vida toda tentando ter o máximo de dinheiro que puder.

Outros entendem que seu principal papel no mundo é garantir a felicidade de sua família, e há, ainda, alguns que querem ajudar os outros e passam a vida trabalhando para sua cidade, para as pessoas mais necessitadas, procurando gerar renda e desenvolvimento para sua comunidade.

Quem não se preocupa com os indicadores de desempenho é como alguém que nunca vai ao médico para ver se a saúde vai bem. Aí só fica sabendo da doença quando ela já se agravou...

Nossos valores e decisões acabam afetando a sociedade em que vivemos. Afinal, não somos uma ilha. Muitas pessoas dependem de nós e são afetadas por nossas decisões.

Uma empresa também não vive isolada, mas como parte da sociedade. Está sempre em interação com clientes, funcionários, famílias de funcionários e tantas outras pessoas que afetam seu trabalho e são afetadas por ela. Por isso, a empresa também deve ter valores.

Os **VALORES** de uma empresa norteiam suas tomadas de decisão, suas estratégias e a forma como desenvolve suas atividades. Atualmente, as empresas definem por escrito o conjunto de valores priorizados, de modo a orientar as condutas dos sócios e funcionários. E também para deixar claro que empresa é aquela e como trabalha.

Um dos papas da administração, Peter Drucker, professor e consultor de origem austríaca, radicado nos Estados Unidos, ensinava:

> *O lucro não é a causa da empresa, mas sua validação. Se quisermos saber o que é uma empresa, devemos partir de sua finalidade, que será encontrada fora da própria empresa. E essa finalidade é criar um cliente.*

Deu um nó na cabeça agora? Pois bem, é óbvio que o mestre não desvalorizava o empenho do empreendedor em buscar rentabilidade em seus negócios. Afinal, nem relógio trabalha de graça. E ninguém vive de barriga vazia.

O que ele quis dizer é que o propósito da empresa é muito maior. Ela é o motor contínuo da construção social. Por meio das empresas, a sociedade se desenvolve e gera bem-estar para as pessoas. Quando ele diz que a finalidade é criar um cliente, está dizendo que a empresa constitui essa imensa roda de relações de trocas.

O Joaquim da padaria é também cliente do vendedor de farinha, que é cliente do Cláudio da cooperativa agrícola, que é cliente da fábrica de tratores, que é cliente da indústria de autopeças, que é cliente da siderúrgica, cujos funcionários compram pães nas milhares de padarias espalhadas pelo país.

A organização internacional Médicos Sem Fronteiras define em seu site o que chama de Carta de Princípios, e que funciona como sua declaração de valores. São eles:

- Independência
- Imparcialidade

- Neutralidade
- Transparência
- Ética médica

Você pode ver no site da instituição o detalhamento de cada um dos valores listados.

Parabéns!

Agora você pode fazer o planejamento estratégico de seu próprio negócio.

Algumas dicas:

- Não seja ambicioso demais! Se for, o planejamento acabará na gaveta.
- Não seja muito comodista! Não adianta dizer que quer continuar como está.
- Não abra um monte de frentes ao mesmo tempo! Se concentrar energia em uma direção só, terá mais força para acertar.

Ética e responsabilidade social

Questões para reflexão

Pense e responda: que influência minha empresa terá sobre a cidade onde moro?

Agora é a sua vez!

Preencha os espaços a seguir, pensando em seu negócio:

Oportunidade de mercado detectada:

Como será transformada em negócio:

Missão:

Visão:

Objetivos estratégicos:

Metas:

Cronograma e responsável
(fazer tabela semelhante à da página 27):

Indicadores de desempenho:

Valores:

03

ANÁLISE DE MERCADO

MERCADO E INDÚSTRIA: O QUE SÃO?

O que é exatamente mercado e o que é indústria? É melhor definirmos esses termos antes de seguirmos adiante.

MERCADO é o conjunto de pessoas, empresas e demais entidades que têm necessidade, intenção e capacidade financeira para comprar alguma coisa.

Veja a fábrica de jarros de barro artesanais do Seu Carlos.

O mercado do Seu Carlos é constituído por todas as pessoas, empresas e entidades que empregam parte de seus recursos para atender à necessidade ou ao desejo de adquirir um ou mais jarros.

O **MERCADO POTENCIAL** é formado por aquelas pessoas, organizações ou entidades que, dotadas de recursos, podem ter necessidade ou desejo de comprar determinado produto, mas ainda não o fizeram.

PARTICIPAÇÃO DE MERCADO é a parcela do mercado que nossa empresa atende.

Na cidade do Seu Carlos, no Ceará, de cada lote de 10 mil jarros comercializados, em média, mil saem da fábrica dele. Então, a participação dele no mercado é de 10%.

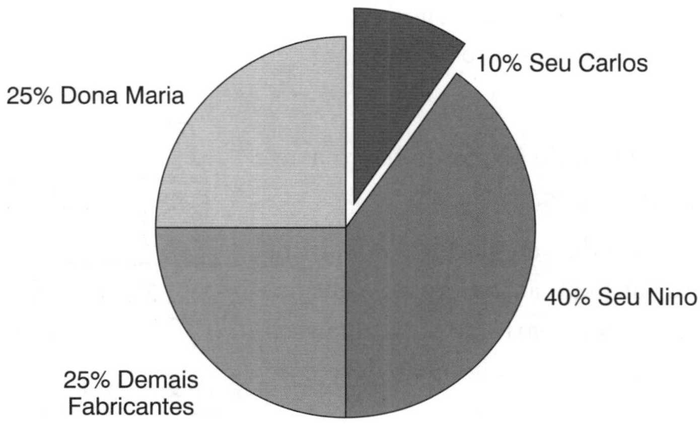

A **INDÚSTRIA** é composta pelo total de empresas que oferecem determinado produto ou serviço.

No exemplo do Ceará, a indústria de jarros de barro é formada pela fábrica do Seu Carlos e pelas unidades industriais de todos seus concorrentes.

As forças do mercado

Você já imaginou ir a uma festa na qual não conhecesse ninguém? Provavelmente ficaria meio perdido e dificilmente se divertiria. Muita gente entra em um negócio sem conhecer bem as pessoas e instituições relacionadas ao setor. Quem age dessa forma acaba ficando perdido. Há elementos que influenciam o crescimento da sua empresa e determinam sua lucratividade: eles formam o que chamamos microambiente de mercado.

É importante que você conheça bem todos esses fatores e quais deles afetam mais ou menos o sucesso de seu negócio.

Microambiente de mercado

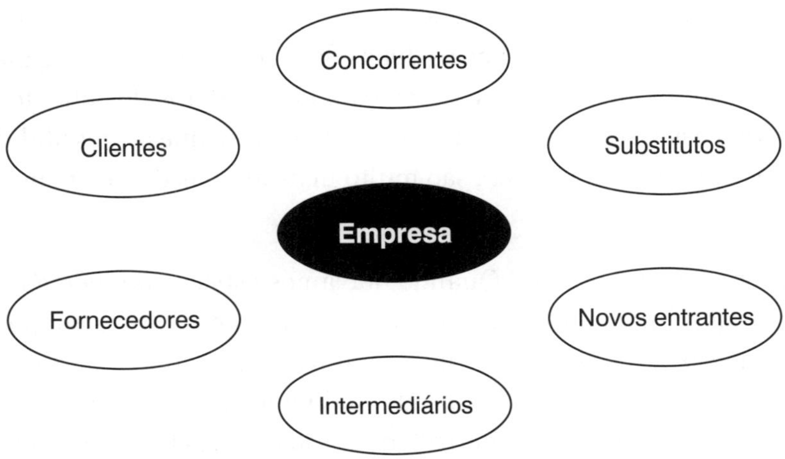

Algumas observações importantes sobre os atores citados

Clientes

São a razão de existir de um negócio e serão tratados detalhadamente num capítulo à parte.

Concorrentes diretos

É fundamental entender a concorrência para saber como o cliente percebe a oferta de valor da empresa em comparação com as alternativas disponíveis.

Concorrentes indiretos

Você sabia que nos dias de jogo do Brasil na Copa do Mundo muita gente perde dinheiro? São os donos de cinemas, teatros e parques de diversões, que ficam quase vazios porque muitos dos clientes preferem assistir ao futebol. Se você refletir, verá que as possibilidades de concorrência indireta são muito mais amplas do que pensamos.

Novos entrantes

É preciso ter cuidado! Quando deixamos espaços no mercado, acabamos dando oportunidade para que outras pessoas os ocupem. Aí pode ser tarde demais... Imagine uma padaria que atua totalmente sozinha em seu bairro, produzindo itens de qualidade mediana. Como é o único pão do bairro, todos são clientes fiéis. Até que surge uma confeitaria que faz pão fresquinho, crocante, com farinha de ótima qualidade e pelo mesmo preço. Adivinhe o que vai acontecer?

Substitutos

Quem já não foi ao armazém ou mercado, viu o preço do queijo e acabou comprando manteiga? Pois é, há produtos diferentes dos nossos, mas que atendem às mesmas necessidades dos clientes. São chamados de substitutos.

Fornecedores

Dependendo do tipo de negócio, um fornecedor pode ser mais ou menos estratégico. É importante que você conheça quais fornecedores influenciam muito em seu sucesso e desenvolva uma relação próxima e sólida com eles. Por exemplo, em um restaurante, a qualidade dos ingredientes é fundamental para o resultado dos pratos, mesmo que se trate de um cozinheiro premiado.

As grandes empresas costumam desenvolver relações próximas com alguns fornecedores estratégicos. Por isso, quando uma montadora de automóveis se estabelece em um local, os fornecedores também instalam uma fábrica nas proximidades para atender ao seu cliente.

Ao longo da pandemia de covid-19, a empresa brasileira Magazine Luiza comprou dezoito empresas. Uma dessas aquisições foi uma empresa de delivery, a Plus Delivery. A diretoria da empresa certamente reconhece que o serviço de logística e entrega é fundamental para o sucesso de uma rede varejista que vende cada vez mais pela internet.

Intermediários

Em um país com as dimensões do Brasil, os intermediários têm um papel estratégico. O intermediário pode ter a função, por exemplo, de comprar ou apanhar a mercadoria com o produtor e levar até o cliente final. Você pode estar pensando: ora, mas esse sujeito não produz nada! Ele só se aproveita da produção dos outros. Não é bem assim.

O intermediário pode ter um papel importante na logística de distribuição. Ele pode ser responsável por transportar, armazenar o produto adequadamente e desenvolver relações com os clientes.

Até a gestão de estoques e o financiamento do cliente final podem ser atividades assumidas pelo intermediário. Nesse sentido, pode ser um parceiro importante. Pode ser um varejista, atacadista ou mesmo uma plataforma digital.

O mundo virtual trouxe as grandes plataformas que atuam na intermediação de negócios, os chamados *market place*. A Amazon e o Mercado Livre são exemplos de portais em que compradores e vendedores são conectados por meio de avançadas ferramentas de comércio digital.

E não é só no varejo que esses canais funcionam bem. Há hoje ambientes especializados nas mais diferentes áreas de atividade. No mundo da educação a distância, por exemplo, temos a Nutror e o Hotmart, onde professores e especialistas das mais diferentes áreas oferecem suas aulas. Avaliando as ofertas, os alunos potenciais escolhem os cursos que contemplam suas expectativas e necessidades. O aplicativo Airbnb, por sua vez, conecta viajantes potenciais a donos de imóveis dispostos a alugar seus apartamentos por curtos períodos.

Análise FOFA

Qual a situação da empresa em relação ao seu ambiente? Há um modelo bem simples que nos ajuda a entender essa questão: a análise FOFA, que define forças e fraquezas internas, comparando-as com as oportunidades e ameaças do mercado.

Forças

São as forças de nossa empresa, ou seja, nossos aspectos positivos com relação ao mercado. Só podemos considerar forças aquelas características positivas que são melhores que as dos concorrentes. Não adianta, por exemplo, um pequeno agricultor conhecer um determinado modelo de plantio se a maioria dos produtores rurais já adotou esse método. Ele pode, entretanto, considerar uma força o domínio da técnica de cultivo de orgânicos, pois é um sistema especializado.

Oportunidades

São as chances de trabalho, de negócios e de crescimento que o ambiente externo apresenta. Imagine que será construído um hospital em uma cidade ribeirinha do Amazonas. O dono de uma frota de balsas na região certamente lucrará com o transporte de materiais, pessoas e equipamentos.

Fraquezas

São as fraquezas internas da empresa em relação ao mercado. Da mesma maneira, precisam ser só de nossa empresa. Não podemos considerar uma fraqueza algo que afeta todo o setor. Podemos considerar, por exemplo, que os produtores de calçados veganos ainda precisam evoluir em termos de design frente a indústria tradicional. Esse problema é de todo o setor, provavelmente porque ainda é jovem. Já um fabricante de calçados tradicionais que não investe em design de novos produtos pode acabar ficando para trás da concorrência. Detectamos, sem dúvida, uma fraqueza quando um fabricante ainda depende de enormes quantidades de água na manufatura industrial, ao passo que os concorrentes já se utilizam de outros recursos para evitar o superaquecimento do maquinário.

Ameaças

São fatores externos que podem atrapalhar o desempenho de nossa atividade. Na década de 1980, por exemplo, os fabricantes de máquinas de escrever descobriram que os computadores poderiam arruinar seus

negócios. Foi o que efetivamente ocorreu. Outra situação: um fabricante de chocolate percebe que as mudanças climáticas tendem a reduzir drasticamente a produção de cacau na área de seus fornecedores.

Ou, ainda, os produtores de caquis, que sofrem com as pragas, de modo que precisam gastar com agrotóxicos. Esse problema não prejudica apenas um agricultor, mas todos do setor, pelo menos naquela região. Podemos também enfrentar ameaças diretas, como a construção de um shopping center nas vizinhanças, o que pode afetar as vendas do comércio de rua.

Macroambiente de mercado

Existem grandes tendências do mundo que também afetam nosso negócio, embora de maneira mais indireta.

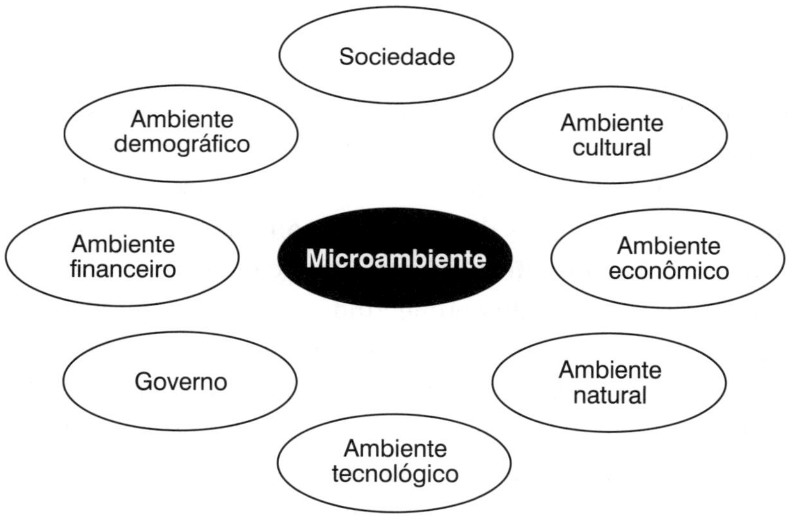

Você se lembra de quando acabou a inflação galopante no Brasil? O dinheiro das pessoas parou de se desvalorizar ao longo dos dias e semanas. Dessa forma, elas puderam comprar mais e melhor. O problema é que muitas fábricas, que não tinham previsto um aumento do consumo, ficaram com seus estoques totalmente vazios e não conseguiram suprir os pedidos.

Essas grandes tendências devem ser acompanhadas. Vamos, então, analisar detalhadamente cada uma delas.

Ambiente demográfico

Trata-se da divisão da população por idade, organização familiar, faixa de renda e poder aquisitivo.

Ambiente financeiro

Qual a disposição dos bancos e instituições de microcrédito de financiar as empresas ou seus clientes, qual a taxa de juros, que operações financeiras estão disponíveis.

Governo

A autoridade pública tem o papel de regulamentar e fiscalizar a atividade dos empresários, mas também pode ser um poderoso agente de desenvolvimento, se efetuar compras do setor privado.

Uma preocupação antiga tanto das autoridades públicas como do setor de pequenas empresas é garantir o acesso destas às compras governamentais. O governo brasileiro ainda compra pouco das pequenas empresas. Muitas vezes, aliás, prefere produzir ele mesmo, inviabilizando companhias privadas que poderiam atender perfeitamente à demanda.

Sociedade

Sua empresa está dentro de um bairro e de uma cidade. Seu negócio pode, portanto, afetar o meio ambiente, causando poluição do ar e da água, desmatamento e barulho. Todos esses detalhes precisam ser pensados, por exemplo, ao decidir a localização de um negócio.

Ambiente cultural

Quais são os valores das pessoas? Nossa cultura influencia demais nossos hábitos de consumo. Um indivíduo que tem muitos bens materiais, como uma casa luxuosa, carros importados e joias, pode ser tremendamente valorizado em seu meio. Outro grupo, no entanto, tende a prestigiar mais aquele indivíduo que tem gosto musical refinado, conhece a história de seu país e cuida dos gatos de rua da vizinhança. A boa reputação pode resultar, igualmente, do zelo com o meio ambiente, do trabalho ativo em projetos da coletividade e do auxílio regular aos mais necessitados.

Os valores intangíveis de um grupo social são, portanto, fundamentais na definição dos hábitos de consumo. Por esse motivo, algumas marcas vendem mais do que outras e podem até estabelecer preços mais elevados para seus produtos. Precisamos nos lembrar sempre de que as pessoas adquirem também aquilo que é invisível e impalpável: conceitos em sintonia com suas crenças e valores morais.

Ambiente econômico

Os movimentos da economia afetam os negócios como um todo. Entre 2004 e 2014, por exemplo, o mundo viveu uma fase de crescimento econômico fora da curva que, na grande maioria dos países, ampliou a renda das famílias, expandiu a classe média e, consequentemente, elevou o consumo de diversos produtos e serviços.

No caso do Brasil, essa fase de expansão foi seguida por uma crise econômica dramática. O PIB do Brasil caiu mais de 3% em 2015 e 2016, e em 2017, tínhamos mais de 14 milhões de desempregados, número semelhante ao dos primeiros meses de 2021. Muitos empreendedores podem contar histórias de como foi difícil sobreviver a esses anos. Na verdade, muitos não aguentaram a pressão.

A economia do país afeta, e muito, o desempenho de um empreendimento. É importante acompanhar a política econômica, o desempenho de nossa moeda os grandes movimentos do comércio internacional, para saber o que está acontecendo no mundo e que reflexos podemos ter no negócio.

Ambiente natural

Uma seca duradoura ou uma inundação podem alterar a oferta e também o preço de determinado produto agrícola. O clima é fator fundamental para os negócios, seja um restaurante, um hotel, uma indústria extrativista ou até uma marca de roupas. Uma indústria, por outro lado, pode ter sua localização definida pela disponibilidade dos recursos naturais que constituem a matéria-prima de sua produção.

Ambiente tecnológico

Cada vez mais, a competitividade está vinculada ao conhecimento. Assim, alcança mais sucesso a empresa que sabe fazer melhor alguma coisa, incorporando conhecimento, inovação e criatividade a seu produto. A alta tecnologia permite menor utilização de matérias-primas e energia, o que resulta em redução de custos. Ao mesmo tempo, eleva a qualidade do que se faz, constituindo um fator de vantagem competitiva no mercado. O grau de avanço tecnológico pode, portanto, ser mais determinante do que o tamanho da empresa, a quantidade de dinheiro de que dispõe e a região geográfica em que atua.

Ética e responsabilidade social

Como a empresa pode ter um relacionamento de respeito e ética com:

- a tecnologia?
- o meio ambiente?

A concorrência é vista como algo negativo, uma vez que estabelece a competição por mercados. Pode haver, no entanto, um aspecto positivo para as empresas envolvidas, pois as obriga a reduzir custos, baixar preços e melhorar a qualidade do que produzem. Você concorda com essa afirmação? Até onde a competição pode ser justa e benéfica? Quando se torna negativa e destrutiva?

04

PESQUISA DE MERCADO

Imagine uma pessoa apaixonada

Certamente ela buscará saber os gostos daquele que ama, assim como suas necessidades, preferências e sonhos... Um apaixonado sabe que, se tiver informações sobre a pessoa amada, terá mais recursos para fazê-la feliz.

Assim deve ser o empreendedor em relação ao cliente. Ele precisa ter sempre uma noção clara do que pensam, buscam e desejam as pessoas para as quais realiza suas vendas. Do contrário, corre o risco, por exemplo, de:

- Oferecer um produto ou serviço pelo qual haverá pouca procura ou interesse.
- Oferecer um produto ou serviço interessante, mas em local físico ou digital inadequado.

Mas como podemos recolher essa informação tão valiosa? Eric Ries, famoso empreendedor do Vale do Silício e teórico de empreendedorismo, mostra que os novos negócios necessitam de contato permanente com clientes. A opinião dessas pessoas gerará aprendizados, encaminhará aperfeiçoamentos e fará com que cresça a procura pelo produto ou serviço oferecido.

Tradicionalmente, recorre-se à pesquisa de mercado, realizada por companhias especializadas. Em geral, porém, é um serviço caro. Você, pequeno empreendedor, portanto, dificilmente terá acesso a esses recursos, a não ser que some esforços com outros empresários.

Mas não se desespere. Existem muitos recursos na própria internet. Vale a pena fazer levantamentos e ficar antenado em canais digitais e publicações do seu setor. Além disso, a seguir daremos um roteiro simplificado para você realizar suas próprias pesquisas de mercado.

Passo a passo da pesquisa de mercado

As etapas da pesquisa de mercado são as seguintes:

- Planejamento.
- Elaboração do instrumento de coleta de dados.
- Pré-teste.
- Pesquisa de campo.
- Tabulação.
- Análise dos resultados.

Vejamos cada item detalhadamente.

Planejamento da pesquisa de mercado

Informações que precisamos buscar, ou objetivo da pesquisa.

Nessa etapa, determinamos o que efetivamente precisamos descobrir. Quais perguntas sobre o negócio estão sem resposta ou quais respostas podem ser aprofundadas ou detalhadas. A seguir daremos alguns exemplos de informações a levantar ou complementar com pesquisa de mercado.

Análise de Mercado-alvo: Quem é o cliente? O que deseja comprar? Por que está comprando? Por que não está comprando? Quem participa do processo de compra? Quem toma as decisões? Onde, quando e como o cliente compra? Quanto compra? Como usa o produto? Que necessidades e desejos não estão satisfeitos?

Análise da Concorrência: Quem são os principais concorrentes diretos e indiretos? Qual o tamanho e a participação de mercado dos concorrentes? O que os clientes pensam dos concorrentes?

Análise do Produto: Como os consumidores desejam que seja o produto? O que pensam de suas características? Como avaliam a embalagem? O que acham do atendimento?

Determinação das fontes de dados

Os dados podem ser primários ou secundários.

> **Dados Primários** não estão publicados em lugar algum e, portanto, precisam ser levantados por pesquisa.
>
> **Dados Secundários** já foram coletados e publicados por alguma instituição. É o caso, por exemplo, de estudos demográficos (como distribuição por faixas de renda, estrutura familiar e taxa de emprego local) e de informações sobre o mercado disponibilizadas nas prefeituras, entidades de fomento ao empreendedorismo e associações comerciais.

Método da pesquisa

Em termos de método, a pesquisa pode ser qualitativa, quantitativa ou mista.

Qualitativa: utiliza perguntas abertas e, por isso, permite respostas mais detalhadas do respondente, algumas de caráter subjetivo.

Exemplo de perguntas abertas:

> De que forma esse aplicativo de pedido de refeições está melhorando a sua vida?
>
> Descreva os aspectos positivos e negativos em sua experiência de compra na nossa loja.

Quantitativa: é quando precisamos de números. É o caso de quando queremos saber o volume de vendas de um produto ou a parcela de consumidores que prefere determinada marca. Também é muito útil para identificar padrões de comportamento. Por exemplo, 45% dos consumidores da Vila Matilde gostam de fazer compras no supermercado de manhã, enquanto 30% preferem ir à tarde. O restante faz compras à noite, depois do expediente de trabalho. Esse tipo de pesquisa recorre ao que chamamos de perguntas fechadas.

Exemplo de pergunta fechada:

Como você classifica a qualidade dos produtos vendidos no supermercado online?

( ) Excelente

( ) Boa

( ) Regular

( ) Ruim

( ) Péssima

Mista: Utiliza os dois tipos de perguntas: fechada e aberta.

Exemplo de pergunta mista:

Como você classifica a qualidade dos produtos vendidos no supermercado online?

( ) Excelente

( ) Boa

( ) Regular

( ) Ruim

( ) Péssima

Por quê?

Técnica de coleta de dados

Como vamos recolher os dados de que precisamos? Bem, precisamos, sobretudo, de métodos e padrões. O método mais utilizado de coletar dados é aquele que se vale de entrevistas.

Entrevista — Pode ser realizada na residência da pessoa, no ponto de venda, por telefone ou por formulário digital. No caso das pesquisas qualitativas, em especial, existem algumas armadilhas a evitar em uma entrevista. Nem sempre as pessoas dizem a verdade em uma consulta desse tipo. Por vezes, não desejam expor suas reais preferências. Em outras ocasiões, recusam-se intimamente a desagradar ou decepcionar os entrevistadores.

Observação — A observação é menos divulgada que a entrevista, mas tão eficaz quanto ela. Consiste simplesmente em observar o comportamento de consumidores para ver como agem e se comportam. No caso da observação, é importante ter um roteiro do que se pretende observar, para aproveitar ao máximo a experiência.

Amostragem

Evidentemente, é impossível entrevistar todas as pessoas que fazem parte de determinado público-alvo. Hoje, há métodos estatísticos que permitem estabelecer um número ótimo de pessoas, capazes de representar as predileções gerais, com uma margem de erro pequena. É assim, por exemplo, que são realizadas as pesquisas de voto nas eleições majoritárias. São métodos muito complexos, que não vamos esmiuçar neste livro.

Recomendamos, no entanto, que você entreviste o máximo de pessoas que puder, até que seja capaz de traçar um perfil de condutas e preferências de seu público. Procure ter a amostra mais diversificada e representativa possível. Se você quer vender um produto para todo o interior de Pernambuco, portanto, não adianta ouvir algumas dezenas de pessoas em Caruaru e Garanhuns. Ouça também os habitantes das regiões de Palmares, Arcoverde, Serra Talhada, Salgueiro, Ouricuri e Petrolina. A internet e o WhatsApp podem ser grandes aliados nessa missão.

Elaboração do instrumento de coleta de dados

Uma vez concluído o planejamento da pesquisa, o segundo passo é elaborar o instrumento de coleta de dados, que é o roteiro da entrevista ou da observação. Consideramos importante que esse questionário aborde todas as questões de interesse para o negócio, com o menor número possível de perguntas, todas elas expressas de maneira clara e objetiva. Lembre-se de que, a partir de certo momento, o entrevistado pode se cansar e responder de qualquer maneira para se livrar do aborrecimento. Leve esse fato em conta ao definir o número de perguntas.

Pré-teste

Uma vez elaborado o instrumento de coleta de dados, é fundamental testá-lo para verificar se as perguntas estão claras e se as pessoas são capazes de respondê-las com facilidade.

Pesquisa de campo

Consiste em aplicar os questionários, fazer as entrevistas ou processos de observação. É quando, por exemplo, os pesquisadores visitam uma escola ou planta industrial. É também quando as equipes estão nas ruas, ouvindo pessoas no Viaduto do Chá, na Cinelândia, na Savassi ou na Boca Maldita.

Tabulação dos resultados

Finalmente, é preciso tabular os resultados em uma tabela como a que exibimos na sequência. A pergunta foi: qual sua opinião sobre a qualidade deste serviço de transporte pessoal via aplicativo?

Resposta	**Número de respostas**
Excelente	73
Boa	284
Regular	55
Ruim	9
Péssima	2

Análise dos resultados

Uma vez tabulados os resultados, é preciso interpretá-los corretamente e, assim, obter as respostas que darão suporte às melhores decisões.

Toda pesquisa precisa ser validada pela experiência prática. Por vezes, a empresa muda seu produto para atender a uma suposta demanda de clientes entrevistados. Mesmo assim, tempos depois, as vendas continuam no mesmo patamar. Em certas ocasiões, as pessoas imaginam atributos formidáveis nos produtos, mas não necessitam efetivamente deles. Em outros casos, não se dispõem a pagar o valor equivalente ao aperfeiçoamento proposto.

A pesquisa no ambiente externo da empresa não é a única ferramenta de informações disponível. Dentro da empresa, também é possível levantar dados importantes, como exemplificamos a seguir:

- Histórico de volume de vendas por mês. A contabilidade é vital nesses processos. Pode mostrar, por exemplo, se um eventual incremento de vendas pagou as despesas mais elevadas com novas matérias-primas e colaboradores qualificados. Por vezes, uma alteração constitui um sucesso de vendas, mas não estabelece um padrão sustentável e lucrativo de negócio.
- Histórico de comportamento dos clientes: o que compraram, em que momento e em qual quantidade?
- Perfil de atividade de cada cliente.
- Clientes que deixaram de comprar da empresa.
- Reclamações sobre os produtos ou serviços.
- Comentários nas caixas físicas ou virtuais de sugestões.
- Opiniões de funcionários da empresa. Empresas inovadoras ouvem permanentemente seus colaboradores. Essa tradição é oriunda do método Toyota de produção, no qual os trabalhadores analisam padrões operativos, avaliam episódios de superação de problemas e compartilham seus aprendizados com os colegas e com os gestores.

Lembre-se! A pesquisa de mercado não é a única fonte de informações. Existem outras fontes, como sites, blogs, redes sociais, conversas com fornecedores, distribuidores, varejistas e outros especialistas de mercado.

Agora é sua vez!

Vamos fazer uma pesquisa de mercado para sua empresa? Preencha os espaços a seguir.

Planejamento da pesquisa

Definição do objetivo da pesquisa:

Determinação das fontes de dados:

( ) Dados primários

( ) Dados secundários

Método da pesquisa

( ) Qualitativa

( ) Quantitativa

( ) Mista

Técnica de coleta de dados:

A amostra:

Agora você já pode construir o instrumento de coleta de dados.

Pré-teste

Aplique o pré-teste com algumas pessoas para verificar se o instrumento de coleta de dados está pronto para ser levado a campo.

Pesquisa de campo

Chegou o momento! É a hora de ir a campo e levantar as informações. Boa sorte!

Tabulação dos resultados

Você precisa tabular os resultados, organizando-os em tabelas e colunas, a fim de categorizar e organizar a informação obtida.

Análise dos resultados

Quais foram os resultados obtidos? Explique a que conclusões chegou. Relate aqui o que achou de sua experiência como pesquisador. Você obteve alguma informação que o tenha surpreendido?

Indo além: novas ferramentas de pesquisa de mercado

Focus group: consiste em convidar pequenos grupos, de oito a vinte pessoas, para discutir questões relativas a um produto ou serviço. Pode ser um grupo heterogêneo ou homogêneo. Ou seja, podem ser pessoas diferentes em idade, etnia, gênero e classe social, representantes da diversidade no universo de consumo. Mas podem ser também pessoas incluídas em categorias específicas, como mulheres jovens de classe média. É o chamado nicho. Imagine o lançamento de um combo na área de maquiagem desenvolvido para mulheres afrodescendentes. Pois elas vão testar a novidade e emitir opiniões sobre essa nova linha de cosméticos.

Investigação etnográfica: é o chamado "Small Data" (dados pequenos). É o que faz, por exemplo, o dinamarquês Martin Lindstrom, que já foi considerado uma das cem pessoas mais influentes do mundo pela revista *Time*. Ele viaja pelo mundo com o objetivo de conhecer pessoas, identificar hábitos culturais, entender mudanças comportamentais e, no fim do processo, constituir conhecimento sobre grupos sociais e culturais, especialmente para empresas cujas marcas precisam ser capazes de atender às demandas do público.

Big Data: é a coleta, seleção e análise de grandes lotes de dados, normalmente obtidos por meio de ferramentas digitais. Os chamados megadados mostram, por exemplo, tendências de interesse, preferências no campo do consumo como também mudanças em comportamentos e costumes.

Um dos grandes especialistas mundiais é o economista Seth Stephens-Davidowitz, formado em Harvard e ex-cientista de dados do Google. Segundo ele, o Big Data revela que muitos de nós ocultamos a verdade sobre quem somos. Analisando lotes de milhões de informações, por exemplo, ele foi capaz de perceber que Donald Trump tinha realmente condições de superar Hillary Clinton na eleição norte-americana de 2016.

Empresas utilizam informações de Big Data para melhorar seu processo de logística, como, por exemplo, diminuir o tempo em rotas de entrega ou desperdícios ocultos no processo de trabalho.

No campo do marketing, o Big Data hoje tem papel fundamental. Ao compilar dados de consultas e navegação na internet, fornece informações preciosas que normalmente não são reveladas pelas pesquisas de mercado.

Por exemplo, é possível que, em uma pesquisa, muitas mães respondam que querem passar o máximo de tempo ao lado dos filhos pequenos, mesmo que se sintam esgotadas. Mas talvez já tenham pesquisado no Google "estratégias para conseguir um tempo sozinha longe dos filhos". Não há nada de errado nisso. O que estamos tentando dizer é que, quando responde diretamente, o cliente muitas vezes se protege atrás de filtros de culpa, medo ou até autoengano.

A Nike coleta dados de Big Data por meio de dispositivos chamados "wearables", como os relógios que contam calorias. Dessa forma, a empresa pode obter informações sobre os hábitos de exercício das pessoas, o que ajuda no desenvolvimento de novos produtos. Os supermercados também verificam os padrões de consumo dos clientes em suas lojas e seus sites. Assim, habilitam-se a criar folhetos e inserções publicitárias mais eficazes.

Quando topar com uma promoção e tiver aquela sensação de "era exatamente o que eu estava procurando!", é provável que você tenha sido "pescado" por uma ação de marketing baseada em Big Data.

Essas ferramentas podem ser caras e às vezes inacessíveis para empresas menores. Mas é importante que você saiba que existem e que pesquise sobre elas, pois há muita informação gratuita na internet.

ÉTICA E RESPONSABILIDADE SOCIAL

Sorria! Você está sendo vigiado. Cada vez mais somos rastreados enquanto navegamos na internet, pesquisando produtos e serviços ou simplesmente conversando com amigos. Essas informações são usadas para aprimorar a qualidade da propaganda a que somos expostos, aumentando a chance de que compremos o que foi oferecido.

Qual o limite que a ética estabelece para vigiar e controlar as pessoas sem seu conhecimento? É uma pergunta que a sociedade precisa responder ainda.

05

BARREIRAS DE ENTRADA E SAÍDA

BARREIRAS DE ENTRADA E SAÍDA

Novas empresas podem ter maior ou menor dificuldade de entrar em um mercado. É muito difícil, por exemplo, abrir um novo hospital. O investimento é alto, e as pessoas precisam ter confiança nos empreendedores envolvidos. O que dizer então de uma siderúrgica, que depende do funcionamento de um alto-forno cujo custo é de muitos milhões de reais. É bem mais fácil, por exemplo, abrir uma loja de roupas. O investimento não é tão alto e não é preciso ter tanto nome no mercado.

Barreiras de entrada

As dificuldades para entrar em um mercado são chamadas **BARREIRAS DE ENTRADA**.

Elas podem ser:

Economia de escala — É preciso produzir e vender quantidades muito expressivas para ser competitivo. Quem produz grandes volumes consegue oferecer preço unitário mais baixo e, com isso, gera dificuldades para eventuais competidores.

Diferenciação do produto — O item vendido por determinada empresa é qualificado e desejado por consumidores fiéis, de modo que se torna muito difícil obter uma fatia de mercado naquele segmento.

Acesso aos canais de distribuição — Alguns mercados são fechados. Os compradores já trabalham com fornecedores tradicionais há muitos anos e recusam um novo parceiro de negócios.

Necessidades de capital — É muito caro iniciar um negócio naquele setor.

Custos de mudança — Os clientes têm custos altos para mudar ou já estão familiarizados com um determinado produto. Mesmo que o competidor ofereça mais qualidade, há receio em se arriscar a troca. Por exemplo, para substituir determinado software de gestão, uma empresa necessita capacitar todos os funcionários no novo sistema.

Barreiras de saída

Para sair de um negócio, também temos custos envolvidos:

Ativos especializados — Imagine um monte de máquinas que só servem para produzir determinado produto e que são difíceis de vender. Talvez seja fácil vender um forno de padaria, mas o que dizer de um equipamento para a manutenção de usinas nucleares? Certamente, deve ser mais difícil encontrar um interessado.

Custos fixos de saída — Os custos legais para se fechar uma empresa, especialmente aqueles com demissões e indenizações.

Inter-relações estratégicas — Às vezes, a comercialização de um item já não colabora diretamente na rentabilidade, mas parcela considerável dos clientes faz questão de consumi-lo. Assim, a empresa precisa mantê-lo na linha para não prejudicar as vendas dos produtos efetivamente lucrativos.

Emocionais — Muitos empreendedores têm dificuldade em reconhecer que seu sonho, ou o da família, não deu certo, ou se esgotou, e que devem partir para outro projeto.

ÉTICA E RESPONSABILIDADE SOCIAL

Em alguns mercados, diferentes empresas se unem, de maneira a combinar o preço: todos cobram o mesmo valor dos clientes, e com isso não há competição. Essa prática, conhecida como cartel, hoje é proibida e considerada desleal. Qual sua opinião a respeito? Você acha bom que uma única companhia, ou um número pequeno delas, domine determinado setor e impeça a entrada de novos competidores? Qual o impacto dessa estratégia para os clientes?

06

ESTRATÉGIA DE VALOR

Quantas vezes vemos no futebol um time de craques perder para outro menor, que não tem grandes estrelas. O motivo normalmente é que esse time menor, embora tenha menos talentos individuais, tem uma boa estratégia. Estratégia é fundamental para se ter sucesso e maximizar o potencial de nossos recursos.

No Capítulo 2, falamos da razão de existir da empresa. Na verdade, esse motivo pode ser resumido em duas palavras: agregar valor. Uma empresa alcança o sucesso quando resolve um problema ou satisfaz um desejo ou necessidade de seus clientes.

Um problema pode ser solucionado do zero. Pense nos fones de ouvido bluetooth, por exemplo, e em como eles evitam que os fios se embaracem e dificultem nossas atividades.

Mas a empresa pode atacar um problema que já está aparentemente resolvido desenvolvendo uma solução ainda melhor. É o caso de empresas que fazem algo com preço mais baixo, com mais rapidez, com um design mais bonito, melhorando a experiência do usuário. Um dia, pensou-se que a solução do consumo de itens musicais estava resolvida pelos reprodutores portáteis de mídia (como o iPod) e pelos sistemas destinados a baixar arquivos. Pois essa é uma solução primitiva, se comparada àquela de serviços posteriores, como o Spotfy e o Deezer. Ser bom no que você faz é importante, mas a forma de aplicar seu talento, ou seja, a estratégia, é fundamental.

POSICIONAMENTO ESTRATÉGICO é uma forma de se diferenciar no mercado, formando uma imagem na mente dos consumidores, fazendo com que estes tenham uma visão clara da empresa e de seus produtos.

Na definição de seu posicionamento, a empresa pode utilizar três estratégias distintas: diferenciação, liderança em custo e nicho de mercado.

Estratégia de diferenciação

Uma empresa pode desenvolver uma oferta personalizada. Quando vemos seus produtos e serviços, já sabemos quem os está oferecendo devido ao padrão, que, às vezes, é inconfundível.

Uma empresa consegue se **DIFERENCIAR** da concorrência quando tem uma oferta claramente diferente em termos de qualidade, inovação, apresentação, atendimento, entrega e comunicação institucional.

Exemplo:

O salão de beleza da Dona Nice focou a inovação e a experiência do cliente. É um dos poucos da cidade que oferece técnicas mais modernas de tratamento facial e capilar. Além disso, durante os serviços, o cliente pode relaxar em poltronas acolchoadas enquanto assiste a um show na TV e degusta um espumante ou um cappuccino com biscoitos.

O restaurante paulista que recebeu estrelas Michelin também adotou essa estratégia, assim como a lanchonete do Seu Cláudio, que é a única de sua cidade especializada em cachorros-quentes com ingredientes combinados. Há mais de cem opções!

Para criar um diferencial, há várias opções:

1. Oferecer algo que a concorrência não oferece.
2. Oferecer um atendimento muito bom.
3. Ser inovador, criativo e surpreender os clientes.
4. Investir em propaganda e comunicação, criando um relacionamento próximo com o cliente.
5. Ter um produto de melhor qualidade, com melhor design ou um serviço mais ágil.

Quando não há muita diferença entre os produtos, a competição se dá pelo preço mais baixo ou pela conveniência no sistema de distribuição, ou seja, a capacidade de tornar a mercadoria disponível para o cliente quando e onde este quiser adquiri-lo.

Quando há diferenciação, pode-se estabelecer um preço mais alto. Muitos clientes se dispõem a pagar mais por algo que julgam melhor.

A pergunta é: o que posso fazer melhor que a concorrência?

Estratégia de liderança em custo

Neste caso, a preocupação não é se diferenciar. Faz-se um produto de qualidade, mas com preço baixo.

> Na **LIDERANÇA EM CUSTO**, o produto não tem muita diferenciação. Assim, o empreendedor cobra menos pelo que vende, ganhando no volume.

A vantagem, neste caso, é abastecer mercados maiores e, assim, incrementar lucros pelo volume de vendas.

Estratégia de nicho de mercado

> Imagine um grupo de consumidores que, por ser muito pequeno, não chega a constituir um segmento de escala. Pois esse público especial constitui um **NICHO DE MERCADO**.

Exemplos de nichos: diabéticos, praticantes de montanhismo, pesquisadores de Ufologia, praticantes de Bhakti Yoga. Se você se especializar em atender bem esse público, ele será fiel e não se importará em pagar um preço um pouco maior por seus produtos e serviços.

Nos dias de hoje, os mercados tendem a se subdividir e constituir demandas muito específicas. Pelas redes sociais, é possível identificar esses grupos e, assim, desenvolver produtos refinados, adaptados ou customizados. É a oportunidade de cativar pessoas e constituir um público fiel.

Exemplo:

Seu Raimundo é um cearense apaixonado pela terra natal, especialmente pela culinária. Por isso, quando conseguiu um emprego em Porto Alegre, ficou um pouco preocupado, embora a oferta fosse muito boa profissionalmente. Mas assim que chegou em Porto Alegre, descobriu o restaurante do Severino. Ele não se importa de atravessar a cidade para comer um baião de dois ou uma carne de sol com macaxeira. Lá ele encontra conterrâneos seus, como também gaúchos que amam a culinária de sua terra natal.

ÉTICA E RESPONSABILIDADE SOCIAL

Barato não significa sem qualidade. Qual sua opinião a respeito?

07

SEGMENTAÇÃO E MENSURAÇÃO DO MERCADO

Dificilmente você atenderá a largos segmentos da população se não comercializar algum produto de massa, como feijão, arroz ou ovo. Até mesmo a área de alimentação é bem segmentada. Mais pessoas jovens, por exemplo, comem sanduíches. Entre os mais velhos, as refeições no prato fazem mais sucesso.

É o conflito de gerações: cada faixa etária aprecia um tipo de comida, um estilo de música, um modo de falar, uma forma de se vestir e um jeito de se divertir. Seu produto ou serviço atenderá a uma determinada parcela da população, como veremos na tabela a seguir.

Tipos de segmentação e exemplos

Região geográfica	Um supermercado que atende a um determinado bairro ou cidade.
Cidade	Uma rede de farmácias define que pode abrir filiais em qualquer município da região Nordeste que tenha mais de 50 mil habitantes e pelo menos 20% das famílias com renda superior a R$10 mil por mês.
Demanda regional	Em locais onde há criação de gado, por exemplo, será mais fácil vender botas e chapéus. Menos mulheres comprarão sapatos para trabalhar em escritórios.
Clima	Em uma região de praia, serão vendidos mais biquínis, maiôs e bermudas.
Faixa etária	A indústria de confecção segmenta-se muito por faixa de idade. Há companhias especializadas em jovens; outras, em crianças; outras, no público adulto.

(Continua) ▷

(Continuação) ▽

Tamanho da família	O fato de um casal ter ou não filhos afeta todas as decisões de consumo: o tipo de comida e roupa que compram, os passeios que fazem, o tipo de lugar onde moram.
Ciclo de vida da família	Uma jovem solteira que mora sozinha consumirá porções de comida muito menores do que as de uma família.
Gênero	Nos setores de beleza, vestuário, relógios e outros acessórios, há produtos específicos para homens e outros para mulheres. Alguns grupos, porém, já questionam essa divisão. Homens têm usado produtos tradicionalmente femininos, e vice-versa. O resultado dessa transformação é que novos segmentos podem ser definidos e explorados.
Renda	Os hábitos de consumo podem variar de acordo com a quantidade de dinheiro que uma pessoa e sua família ganham mensalmente.
Ocupação	Os hábitos de consumo podem variar de acordo com a profissão. Um médico tem alto nível de estresse e pode precisar de alguma atividade relaxante ou exercício físico. Um professor tenderá a consumir muitos livros, enquanto uma executiva de empresa precisará de roupas elegantes.
Formação educacional	Quando estudamos, ampliamos horizontes culturais e podemos modificar nossos gostos. Por exemplo: as rádios comerciais têm muitos ouvintes entre aqueles com grau de instrução básica. Ao mesmo tempo, na audiência das emissoras especializadas em jazz e música clássica, há mais pessoas com formação superior.
Religião	Muitas religiões têm seus próprios padrões nos campos de vestuário, alimentação e recreação.
Etnia	O chamado mercado de produtos étnicos vem crescendo significativamente no Brasil, proporcionando ganhos para empresas capazes de atender a essas demandas.
Estilo de vida	Muitas pessoas hoje optam por um estilo de vida mais saudável, escolhendo proteínas com pouca gordura e muitos legumes e verduras.
Personalidade	As pessoas podem ser mais conservadoras ou mais avançadas em seus comportamentos e hábitos de consumo.
Tipos de benefícios esperados	Algumas pessoas preferem a entrega em domicílio, enquanto outras fazem questão de visitar o local para fazer a compra.
Tipos de usuários	Alguns usuários compram um produto há muitos anos, enquanto outros nunca o experimentaram. Outra parcela abandonou esse hábito de compra.

É fundamental que você tenha clareza sobre qual segmento da sociedade deseja atingir. Essa decisão influenciará a escolha do local para instalar seu negócio, a forma de divulgação, o modo de distribuição e o modelo de relacionamento com o cliente.

Luana percebeu que, na escola onde estuda, as meninas adoram comprar adereços pessoais e também se preocupam com ecologia. Passou, então, a produzir e vender bijuterias feitas com sementes, casca de coco e plástico reciclado. Suas colegas adoram, mas sua mãe acha tudo muito esquisito.

As possibilidades de segmentação são infinitas. Devemos escolher a mais conveniente para nosso negócio, de acordo com os padrões do mercado.

Mensuração do mercado

Uma vez escolhido o mercado em que atuaremos, é importante ver seu tamanho e quanto podemos vender. Para isso, existe uma fórmula bem simples:

Q = **q** x **n** x **p**

onde:

Q = valor total vendido pela empresa, também chamado faturamento;

q = quantidade média de determinado produto comprado por determinada pessoa no período de um ano;

n = número total de pessoas do mercado potencial que compra na empresa;

p = preço pago por cada produto adquirido.

Como calcular Q

Para calcular "Q", temos que conhecer o valor das outras variáveis: "q", "n" e "p".

Cálculo da quantidade média "q" comprada por cada consumidor

O consumo médio anual muitas vezes é pesquisado pela associação industrial ou comercial do estado. Também pode ser informado por outro empreendedor que já atue no mercado e tenha experiência. Outra possibilidade é fazer uma pesquisa, perguntando aos próprios consumidores.

Cálculo do "n" da fórmula

O número total de pessoas com determinado perfil se encontra na internet, nos levantamentos do Instituto Brasileiro de Geografia e Estatística (IBGE), ou em pesquisas da própria prefeitura. A partir do número total de pessoas, calcula-se o número de consumidores potenciais da empresa.

O site do IBGE na internet é <www.ibge.gov.br>.

Exemplo de mensuração do mercado

Recentemente, Mariana instalou em sua cidade uma loja de roupas para crianças. Seu público-alvo é composto por crianças de 0 a 14 anos. Depois dessa idade, esses consumidores já começam a procurar lojas para adolescentes.

Um lojista local lhe disse que os pais compram, em média, dez peças de roupa para os filhos ao longo do ano. Alguns compram mais; outros, menos. Essas peças variam entre vestidos, shorts, cuecas, calcinhas, camisetas e calças. Mariana definiu que seu cliente potencial é uma criança proveniente de uma família com renda mensal superior a R$6 mil, somando todos os rendimentos.

Verificando as estatísticas da prefeitura, ela descobriu que, das 150 mil crianças da cidade, 20 mil se enquadram em seu perfil. Na localidade, no entanto, há mais duas lojas de roupas infantis.

Supondo que apenas 20% desse público opte por sua loja, há um universo de 4 mil consumidores. Cada peça de roupa custa, em média, R$65. Assim, já podemos calcular o volume de vendas possível no primeiro ano,

Q = q x n x p

Q = 10 x 4.000 x 65

Q = R$ 2.600.000

ÉTICA E RESPONSABILIDADE SOCIAL

Durante muito tempo, por ignorância ou miopia, as empresas ignoraram determinados segmentos da população que não encontravam produtos formatados para suas necessidades. Como exemplo podemos citar os obesos, os idosos, os afrodescendentes e os homossexuais. Quem andasse por um centro comercial olhando roupas poderia pensar que nas grandes cidades do país só havia pessoas magras e jovens.

Antigamente, uma mulher afrodescendente não encontrava linhas de produtos de beleza especiais para seu tipo de cabelo e pele.

Foi também nas últimas décadas que as grandes empresas pararam de ignorar os consumidores de menor renda.

Pesquise na internet sobre a economia da base da pirâmide para ver como consumidores das classes menos abastadas, totalmente ignorados, revelaram-se um mercado extremamente lucrativo.

Como essa "exclusão" comercial de antigamente refletia os valores de nossa sociedade? Você ainda enxerga públicos que continuam invisíveis para o mercado?

08

ESTABELECENDO UM RELACIONAMENTO COM O CLIENTE

ESTABELECENDO UM RELACIONAMENTO COM O CLIENTE

Durante muito tempo, as empresas se esforçaram para fazer produtos cada vez melhores. Depois elas se empenharam muito em vender. Então, descobriram que tinham que se dedicar a conhecer profundamente a pessoa mais importante para o sucesso do negócio: o cliente.

O cliente é quem manda. É por isso que se diz: "O cliente tem sempre razão."

Você deve estar pensando: de novo essa conversa de conhecer o cliente? Sim, continuaremos falando disso porque esse certamente é um dos pontos mais importantes para determinar se você terá sucesso ou não. Já tratamos de conhecer o cliente. Agora precisamos usar as informações levantadas para estabelecer o relacionamento mais próximo possível com ele. É isso que o consumidor espera da empresa moderna: que ela o valorize com relacionamentos de confiança no longo prazo.

INFORMAÇÕES RELEVANTES SOBRE O CONSUMIDOR

- Quem é?
- Quantos anos tem?
- Como é seu ciclo de vida? É solteiro? Tem filhos?

- O que estuda ou com que trabalha?
- Quais são suas necessidades? Quais são seus desejos?
- Que expectativas tem em relação ao nosso produto?

NECESSIDADE é algo de que a pessoa efetivamente precisa e que não pode negar ou evitar.

Por exemplo: necessidade de se alimentar, de matar a sede e de dormir.

Os **DESEJOS** são definidos por nossa cultura e nossos costumes. São as aspirações do indivíduo.

Você sabe a diferença entre necessidade e desejo?

Hidratar-se é uma necessidade. Podemos tomar água com essa finalidade. Beber refrigerante ou suco é um desejo. Comunicar-se com outras pessoas é uma necessidade. Ter um aparelho celular sofisticado é um desejo.

O ciclo de vida e os desejos e necessidades

Xote das Meninas
Luiz Gonzaga

Mandacaru quando flora na seca
É um sinal que a chuva chega no sertão
Toda menina que enjoa da boneca
É sinal de que o amor já chegou no coração
Meia comprida, não quer mais sapato baixo
Vestido bem cintado
Não quer mais vestir gibão
Ela só quer, só pensa em namorar

Você já percebeu que, com a idade, seus desejos por coisas vão mudando? Quando era criança, certamente suas aspirações estavam ligadas a doces e brinquedos. Depois de certa idade, quando começou a namorar, é provável que tenha se preocupado um pouco mais com a aparência. Na juventude, muitos de nós economizamos cada centavo para comprar uma roupa nova.

Depois de se casar, a pessoa começa a se preocupar com a moradia, com as contas que precisa pagar. Quando chegam os filhos, as necessidades deles estão sempre em primeiro lugar. Uma mãe dedicada costuma esquecer seus desejos.

Na terceira idade, é possível que o dinheiro seja basicamente destinado às necessidades dos herdeiros, como os netos, embora, no Brasil, seja cada vez maior o número de idosos que buscam melhor qualidade de vida, investindo em diversão, passeios e cuidados com a aparência.

E é claro que esses ciclos têm muitas variações e riquezas, oferecendo excelentes oportunidades de posicionamento de mercado.

Aliás, nossa realidade está mudando! Segundo o IBGE, de 2005 a 2015, o número de casais sem filhos aumentou de 15% para 20%, e a porcentagem das pessoas que moram sozinhas saltou de 10,4% para 14,6%. Você consegue imaginar como essas transformações afetam os hábitos de consumo?

Contextos: econômico, social e cultural

Nossos desejos de consumo também são influenciados pelo ambiente, pela quantidade de dinheiro de que dispomos e pelas prioridades que elegemos. Em uma cultura que considera muito importante o status e a aparência, roupas, joias e cosméticos podem ter preços muito altos. Em outro grupo social, que priorize o conhecimento e o estudo, conteúdos informativos, eventos artísticos e cursos serão altamente valorizados.

Tipos de compra

Há diferentes tipos de compra, e precisamos saber qual leva à aquisição de nosso produto.

> **Todos queremos ser aceitos e queridos nos grupos sociais dos quais fazemos parte. Por isso, tentamos nos adaptar a eles, aceitando seus valores, suas normas, suas prioridades e suas preferências.**

Compra por Impulso

A pessoa vê e acaba pegando. Salgadinhos, chocolates e revistas são itens que se encaixam nessa categoria. Estão sempre perto da caixa registradora dos supermercados, a fim de induzir os consumidores a colocá-los no carrinho. Esse tipo de compra é muito explorado na internet. Estudos especializados relacionam o que se chama estado de fluxo ao volume de compras digitais por impulso.

Compra Habitual

É a compra que efetuamos regularmente, como de alimentos e produtos de higiene pessoal e limpeza. Nesse caso, é comum que o cliente seja fiel a determinado estabelecimento ou marca, mas ele também pode mudar suas preferências se houver um produto melhor ou de menor preço. Muitos sites hoje oferecem assinatura mensal. Por exemplo, se você compra ração para seu cachorro todos os meses, o site pode oferecer o serviço de assinatura e cobrar um valor menor pelo produto.

Compra Complexa

É aquela que envolve a pesquisa de preços. Ela exige decisão mais complicada do consumidor e, normalmente, está relacionada a bens caros, de maior duração. Exemplos: eletroeletrônicos, automóveis e material de construção.

Ética e responsabilidade social

- À medida que conhecemos mais detalhes de nosso consumidor, podemos manipulá-lo e fazer com que compre coisas de que não precisa ou que efetivamente não deseja. Pense em algum exemplo de prática desse tipo. Isso é correto?
- Uma empresa bem-intencionada tem interesse em conhecer seu consumidor para lhe oferecer o melhor. Como essas informações podem levar um negócio a ter um papel positivo na sociedade?
- O consumidor tem poder, pois as empresas dependem de sua compra para ter sucesso. Como o consumidor deve utilizar esse poder no sentido de melhorar a qualidade de produtos e serviços oferecidos?
- Os consumidores têm se preocupado cada vez mais em pesquisar sobre o processo de produção dos produtos que compram. Isso tem gerado, inclusive, novas oportunidades de negócios. Pesquise na internet sobre empresas chamadas *cruelty-free*. São empresas, por exemplo, de cosméticos e produtos de limpeza que já não fazem mais testes com animais.

09

AINDA SOBRE O CLIENTE: A EMPATIA COMO REFERÊNCIA

AINDA SOBRE O CLIENTE: A EMPATIA COMO REFERÊNCIA

Na empresa Amazon, as reuniões de trabalho contam com uma cadeira vazia. Ela representa a presença do cliente, um lembrete a todos de que o cliente é o foco de todo o processo da empresa e deve participar das principais decisões.

E você, onde coloca ou colocará seus clientes na lista de prioridades? Eles participam ou são levados em conta em suas decisões?

O leitor pode estar pensando: "Já entendi que tenho que focar toda minha atenção no cliente." Afinal, estamos falando sobre o tema há alguns capítulos. E dirá com seus botões: "Mas ainda não sei muito bem como colocar isso em prática." Vamos, então, explicar uma estratégia que vai ajudá-lo a entrar nos pensamentos do cliente e adivinhar seus desejos e necessidades.

Para isso existe uma palavra mágica: empatia. Não é simpatia, isso é fácil. As redes sociais estão aí como prova. Todo mundo pode ser simpático. Todo mundo pode sorrir, pronunciar frases de agrado ou disparar elogios sobre os talentos e capacidades dos outros. Mesmo que nada disso seja muito sincero.

A empatia é outra coisa. Empatia é exercer o que o filósofo alemão Hegel chamava de projeção dialética. Complicou? Não! É simples. Trata-se de projetar-se no outro, de procurar vivenciar o sentimento de outra pessoa, seja de alegria ou de dor. Quer um exemplo?

O jogador baiano Daniel Alves foi vítima de racismo quando era jogador do Barcelona. Um torcedor simplesmente atirou uma banana no campo de futebol, em uma tentativa de relacionar o talentoso atleta a um símio. O inteligente Daniel Alves simplesmente pegou a banana e comeu, em uma resposta ao mesmo tempo crítica e bem-humorada.

No entanto, pessoas de todas as etnias e nacionalidades sentiram-se ofendidas e chateadas com o gesto. Conhecemos os seres humanos, suas capacidades e talentos. Não aceitamos que um de nós seja humilhado dessa forma e comparado a um animal, por mais amor que tenhamos por todos os bichos.

Brancos de origem europeia, orientais, indígenas, negros e muitos cidadãos miscigenados simplesmente se projetaram para "dentro" de Daniel Alves. Sentiram sua decepção, sua dor e seu desejo de educar o torcedor desrespeitoso e milhões de outras pessoas sobre as dores e valores de todos os seres humanos, independentemente de sua cor.

E você, conhece as dores e aspirações das pessoas que pretende atender e servir? Já mergulhou dentro de outra pessoa a ponto de conseguir sentir suas dores e alegrias?

A empatia é hoje fundamental na construção de negócios de prestígio, conectados com os clientes e, dessa forma, destinados a durar. Muitos empreendedores têm uma ideia pronta acerca de sua proposta de valor. Por vezes, estão corretos. Realmente, descobriram a chave do êxito. Em muitas outras ocasiões, no entanto, deixaram de considerar as particularidades e demandas dos clientes potenciais.

É obrigatório, pois, ao fazer o estudo dos clientes, formular as seguintes perguntas:

- Quais são suas dificuldades, necessidades e desejos?
- O que o cliente vê? E como vê?
- Como suas escolhas são influenciadas pela família, pela comunidade, pela ideologia política, pela crença religiosa e por sua vivência afetiva?
- Como são suas emoções? O que afeta, por exemplo, um engenheiro evangélico pentecostal e uma jovem atriz transgênero?

- Quais são seus receios, suas frustrações e expectativas? Quais os seus sonhos? Como eles se relacionam com seus produtos e serviços?

O antigo processo criativo era vertical. Ideias consideradas corretas e apropriadas eram impostas ao público, especialmente em épocas nas quais o leque de ofertas era restrito.

Na década de 1960, por exemplo, havia poucas opções para quem pretendia adquirir um veículo confiável e que não fosse demasiadamente caro. Basicamente, era o Fusca. Os outros modelos disponíveis representavam risco ou exigiam alto investimento.

Hoje, há inúmeras marcas e modelos à disposição, pelos mais diferentes preços. Muitas vezes, portanto, as escolhas são realizadas pela análise de atributos que antigamente eram pouco valorizados. É o caso dos carros que primam pela segurança dos ocupantes ou que são fabricados em processos limpos, com recursos renováveis. No caso do setor imobiliário, empresas como a Tecnisa ganharam clientes por estabelecer o conceito *gay-friendly* de organização dos espaços residenciais.

Muitas vezes, as questões que definem o sucesso de um negócio não têm relação com crenças e elementos subjetivos, mas com exigências da vida prática. Com o encarecimento dos planos de saúde, por exemplo, multiplicaram-se pelo país as empresas de consultas avulsas. No mesmo dia em que sentiu um desconforto para urinar, Seu Alcides pôde ser examinado pelo urologista Armando. Se dependesse de um agendamento eletivo no serviço público, talvez esperasse meses até ser atendido. É também o caso da Matilde, que mora em uma casa muito pequena e não tem onde guardar ferramentas. Por conveniência, ela recorre a uma empresa especializada e aluga uma furadeira sempre que precisa pendurar um quadro novo na parede ou consertar a casinha de Rex, seu cachorro de estimação.

Essa reflexão é importante para quem ainda está preso ao "status quo", ou seja, aos conceitos engessados dos velhos negócios. Para inovar e empreender com sucesso, é preciso ouvir o sussurro das ruas, compreender a mudanças de hábitos e decodificar as novas demandas dos consumidores.

Agora é a sua vez!

Sugestão para quem vai abrir um negócio

- Se você já definiu seu público-alvo, reúna doze pessoas e apresente detalhadamente seu produto. Faça com que seja um dia de muita interação e descontração. Sirva um café da manhã e um bom almoço. Imagine que você produza roupas. Deixe que experimentem todas as peças. Depois, anote todas as impressões. Alguém pode achar que os tecidos são quentes demais para o clima da cidade. Outra pessoa pode achar que tudo fica largo ou apertado demais. Um terceiro pode fornecer sugestões valiosas sobre cores e estampas. Agregue esse conhecimento ao seu plano de negócio.

Sugestão para quem já tem um negócio

- Visite seus clientes consolidados e potenciais. Passe um dia conversando com eles. Faça um calendário para desenvolver regularmente esse trabalho de campo. Avalie hábitos, costumes e comportamentos. Verifique o que faz as pessoas felizes ou infelizes. Do que necessitam? O que desejam? Clientes de mente aberta são uma das fontes mais ricas de orientação para seu trabalho.

Ética e responsabilidade social

Pense em algum grupo social com o qual nunca teve contato. Por exemplo, se você nunca participou de atividades teatrais, tente imaginar como é o grupo de estudantes de artes cênicas. O que pensam? O que sentem?

Quais são seus principais sofrimentos, dores e desafios? Quais são seus sonhos e prioridades? Vale fazer esse exercício para pessoas com idades diferentes da sua, de outro gênero ou que tenham profissões diferentes.

Você acredita que alguma atitude — aparentemente neutra para você — pode ser ofensiva para esses grupos? Por quê?

UM CASO REAL

INTERAÇÃO COMO FÓRMULA DE SUCESSO

Carlos Ojeda, de 72 anos, ganhou prestígio como engenheiro civil, atuando boa parte da vida em sua própria pequena construtora.

Mas o que vamos contar é a história de outro empreendimento...

Desde o início da década de 1990, Carlos tinha um terreno em Boiçucanga, São Sebastião, no litoral paulista, obtido de uma transação com o amigo Alfredo. Era um local bem afastado, próximo à mata, em rua sem pavimentação.

Passaram-se os anos, e Carlos cultivou o sonho de lá construir uma pousada, um lugar pequeno que pudesse lhe garantir uma fonte de renda para os tempos de aposentadoria.

Como não tinha dinheiro sobrando, fez os estudos de viabilidade e saiu em busca de um sócio. Quem se interessou foi sua irmã Margarida, também aposentada, que tinha um dinheirinho guardado.

"Começou o sonho de fazermos isso juntos, e tocamos em direção à utopia", conta o engenheiro. Finalmente, em 26 de dezembro de 2018, a pousada foi inaugurada.

"No começo daquele ano, minha irmã havia sofrido um acidente doméstico e tinha quebrado o fêmur", relata Carlos. Ela se submetera a várias cirurgias e não via a hora de tocar seu novo negócio.

"Para ela, era uma forma de deixar algo palpável e também de aproveitar o lugar para preparar seus incríveis e deliciosos bolos", conta.

O destino, no entanto, foi cruel e levou Margarida treze dias depois da concretização de seu sonho, em janeiro de 2019.

Carlos se incumbiu de continuar a história daquele projeto ao pé da Serra do Mar. Em honra à memória da irmã, a pousada especializou-se em fornecer boa comida, especialmente bolos.

O aperfeiçoamento do negócio é feito por meio da relação próxima e permanente com os clientes, que podem frequentar a cozinha, conversar com os funcionários, sugerir cardápios e até aprender sobre as receitas saborosas de Dona Margarida.

Vale dizer que os recursos vieram das economias dos irmãos, que não recorreram a empréstimos ou financiamentos.

Em março de 2020, a prefeitura baixou um decreto proibindo o funcionamento de hotéis e pousadas até o mês de julho. "Acatamos e não efetuamos dispensa de funcionários nem redução de jornada e salários", conta Carlos.

Depois da reabertura, constituiu-se um projeto especial para lidar com a pandemia. Ótimo sistema de ventilação, separação de equipamentos, higienização permanente e funcionamento com metade da capacidade. Todos os funcionários foram educados para a prevenção e testados regularmente.

"Os governos federal, estadual e municipal devem apoiar esses pequenos empreendimentos, pois eles são vitais para muitos dos trabalhadores, que dependem de seus empregos", afirma Carlos.

Ele também destaca o caráter de aprendizado constante de seu negócio, com base na conversa com os hóspedes. Segundo ele, uma boa empresa leva em conta o interesse e a necessidade do público-alvo.

"Na pousada, não houve nenhuma contaminação, por conta de nosso zelo com funcionários e clientes", orgulha-se. "E procuramos ter uma relação de respeito e harmonia com a fauna e a flora da Mata Atlântica."

10

O PRODUTO

O PRODUTO

O QUE É UM PRODUTO?

Um **PRODUTO** é qualquer coisa que pode ser oferecida a um consumidor para satisfazer alguma necessidade ou desejo dele.

Nesse sentido, o conceito inclui tanto produtos como serviços. Por isso, no livro, utilizamos a mesma palavra para nos referir a essas duas categorias. A diferença é que os serviços não são objetos concretos, ou seja, não podemos vendê-los em embalagens: uma assessoria contábil, um serviço de manicure ou o trabalho de um advogado. Já os produtos tangíveis são coisas que podemos segurar em nossas mãos, como sapatos, roupas e alimentos.

É preciso ter muita atenção, pois nem tudo é tangível em um produto, e nem tudo é intangível em um serviço, como veremos a seguir.

BENEFÍCIOS AO CLIENTE VERSUS CARACTERÍSTICAS

O cliente compra benefícios, o produtor oferece características. Mas como assim? O consumidor quer conforto para andar, o produtor faz um sapato macio. O consumidor quer elegância, o produtor faz um vestido muito bem cortado. O consumidor quer caminhar na chuva sem se molhar, o produtor faz um guarda-chuva grande.

O que queremos dizer é que as características técnicas não interessam ao consumidor. O que realmente lhe interessa é que suas necessidades e seus desejos sejam atendidos pelo produto, seja lá qual for o material, tecido ou o processo de produção. É muito interessante ver vendedores falando sem parar sobre características técnicas dos produtos que oferecem, sem perceber que o cliente só quer saber se o produto servirá a seus objetivos.

Os aspectos tangíveis e intangíveis de um produto

Ao definir os benefícios que um produto terá para o cliente, temos que transformá-los em atributos tangíveis (coisas que podemos ver e tocar), que podem se traduzir em:

- Características técnicas.
- Design.
- Embalagem.

As características técnicas do produto só devem ser apresentadas como justificativa e comprovação dos benefícios oferecidos ao cliente.

Mas cuidado!

Às vezes as pessoas compram muito mais do que parece à primeira vista. Por exemplo, o que você adquire quando vai jantar em um restaurante?

Você acertou se respondeu "não só comida". Queremos nos distrair, encontrar pessoas, passar um momento agradável, rever os amigos. A comida servida é apenas um dos atrativos do lugar.

Alberto andava muito estressado, aborrecido. Daí viu o comercial na televisão e gostou da ideia: foi à loja de motocicletas e comprou a sensação de LIBERDADE!

O mundo do marketing sabe que, muitas vezes, produtos são vendidos por seus aspectos intangíveis, enquanto serviços são escolhidos por aspectos tangíveis. Se você estudar suas últimas compras, verá que suas decisões foram influenciadas por alguns aspectos que iam além do produto.

Assim, um pai de família escolhe um carro wagon ou SUV porque "sente" internamente que o modelo proporcionará mais segurança e conforto para a família. Já um jovem gastará todas suas economias em um veículo esporte vermelho porque "sente" que dentro dele é um homem mais destemido e atraente. Existem aqueles que compram picapes especializadas para andar em terrenos superacidentados ou íngremes, mesmo que rodem o tempo todo dentro do perímetro urbano. O motivo é que essas máquinas sobre rodas fazem seus compradores se sentirem aventureiros ou novamente jovens.

São diversos, portanto, os aspectos intangíveis de um produto. E no caso dos serviços? Acontece exatamente o contrário. Os clientes dão importância a aspectos tangíveis, características físicas, que parecem ter o poder de elevar a qualidade de um serviço.

Advogados conhecem bem essa realidade. É por isso que escritórios importantes normalmente são decorados de forma luxuosa, com rica mobília e obras de arte. Muitas vezes, o cliente passa por uma grande biblioteca antes de chegar a uma sala de reunião.

Hospitais, clínicas médicas, estúdios de design e arquitetura, academias de ginástica ou salões de beleza entendem que o ambiente ajuda a conquistar o cliente. Não é só o espaço físico que conta, mas também a forma como o profissional se veste e se apresenta.

Se você, portanto, é um prestador de serviços, faça um exercício para pensar como os aspectos tangíveis podem ajudá-lo a atestar para o cliente, de forma inconsciente, a qualidade do serviço prestado.

Níveis de um produto

Um produto pode ter quatro níveis de valor para o cliente. Imaginemos uma pessoa que vai passar a noite em um pequeno hotel.

O Produto Genérico

O produto genérico que contempla a necessidade básica do cliente: uma cama limpa e um banheiro. Essas instalações e esse mobiliário atenderão à sua expectativa mínima de dormir confortavelmente durante uma noite.

O Produto Esperado

Quando vai a um hotel, no entanto, o cliente espera alguns confortos: toalhas limpas, uma televisão no quarto e um frigobar com alguma bebida e *snacks*. Trata-se daquele "a mais" que o hóspede já imagina que esteja embutido no produto.

O Produto Ampliado

No nível ampliado, é chegado o momento em que o hotel surpreende seu cliente com algo que ele não espera, ou que não é um elemento obrigatório no serviço. Por exemplo, deixar um bombom em cima da cama ou contratar um músico para tocar violão nos sábados à noite no bar anexo.

O Produto Potencial

Inclui todo o desenvolvimento que um produto pode vir a ter no futuro, até mesmo ultrapassando os limites de sua área de atuação e entrando em outros mercados. Muitos hotéis hoje têm serviço de escritório para seus hóspedes, com computador e acesso à internet. Outros disponibilizam academia de ginástica, cabeleireiro, manicure e salão de massagem. Muitas vezes, essas facilidades agregadas podem ser obtidas por meio de parcerias com profissionais próximos ao seu negócio.

Nesses casos, é importante estudar a relação custo-benefício. Cada oferta adicional representa, em geral, maior custo, e é preciso saber se o cliente realmente reconhece o valor daquele benefício, se o deseja e se está disposto a pagar por ele. Além disso, é preciso ter cuidado com o produto ampliado, que, com o tempo, tende a se tornar o produto esperado.

Formatando um serviço

É importante pensar com cuidado em cada etapa do serviço prestado. Podemos transformar a experiência do cliente em uma lembrança desagradável ou em um momento divertido.

Apresentamos a seguir um diagrama descritivo de todo o processo de um serviço de atendimento médico, de maneira simplificada. Cada uma das etapas pode afastar o cliente para sempre ou torná-lo um superfã do estabelecimento ou do profissional.

- Cliente liga para agendar uma consulta.

- Cliente vai ao consultório no dia e hora marcados.

- Cliente aguarda na sala de espera para ser atendido.

- Secretária solicita ao paciente seus dados: nome, idade, endereço, telefone, e-mail. Pergunta se é a primeira consulta.

- Cliente entra no consultório.

- Médico formula as perguntas básicas para fazer um diagnóstico.

- Médico realiza os exames preliminares.

- Médico informa ao paciente qual é seu problema e qual deve ser o tratamento ou solicita exames complementares.

- Médico entrega a receita com os remédios que devem ser tomados ou os pedidos de exames.

- Médico se despede do cliente e informa se ele deve marcar o retorno.

- Cliente agenda outra consulta com a secretária.

- Cliente deixa o consultório.

Agora é sua vez!

Para cada etapa do esquema anterior, descreva como seria um serviço maravilhoso e um serviço horrível.

Conclusões: repare que até um bom profissional pode oferecer um mau atendimento. O problema é que ele não se coloca no lugar do cliente para oferecer-lhe uma experiência agradável. Há médicos muito competentes e dedicados, certamente a imensa maioria deles. Mas há alguns que não ouvem com atenção as narrativas dos pacientes. Há outros pouco delicados na hora de realizar exames e pouco sensíveis ao informar o cliente sobre seus males.

Ainda sobre produto: começando com o produto viável mínimo

Muitos empreendimentos fracassam justamente porque passam tempo demais na preparação de um produto imaginado como perfeito. Gastam tempo, dinheiro e energia nesse ensaio. Por vezes, dá tudo certo e o sucesso é estrondoso. Em outras ocasiões, no entanto, o fracasso é retumbante. Aí, com o cofre vazio, toneladas em estoque e equipe desanimada, não há muito o que se fazer.

Segundo a filosofia da *startup enxuta*, criada por Eric Ries, os primeiros produtos não precisam ser perfeitos. E é até bom que não sejam, porque recebem críticas construtivas e valiosas dos adotantes iniciais e dos chamados consumidores visionários. Se o lote é pequeno, ou seja, se começamos produzindo ou vendendo uma quantidade pequena com o mínimo investimento possível, damos a chance de criar uma excelente oportunidade de verificar se a proposta de valor atende de fato à demanda daquele segmento de clientes.

Ele prescreve a criação e oferta do MVP, do inglês *Minimum Viable Product*, o Produto Viável Mínimo. Seu papel é aquecer os motores e testar hipóteses de negócio. Muitas vezes, na pesquisa de mercado, os consumidores não conseguem ter um juízo formado sobre uma ideia abstrata de produto. Eles precisam do contato físico ou da experiência do serviço executado para emitirem suas opiniões.

Imagine que sua ideia seja uma casa de massagem que utilize a milenar técnica das pedras quentes. Sem a experiência, muita gente recusará a ideia. "Ah, deve ser ruim, pois vou me queimar", dirá um. "Pedras podem ser duras e ásperas, isso vai maltratar minha pele." Bem, essas experiências específicas já aconteceram antes. E, com pedras lisas e aquecidas, as pessoas sentiram seus músculos relaxarem e provaram uma incrível sensação de conforto e bem-estar.

Esses testes podem ser realizados com um protótipo, de forma gratuita, mas também com o próprio produto já precificado e vendido a alguns clientes.

Se os lotes têm dimensões reduzidas, o aprendizado é capaz de fazer com que a nova remessa seja oferecida com mudanças e aprimoramentos. Imagine um ótimo xampu, mas que faz os olhos arderem. Depois da primeira experiência de vendas, em uma cidade específica, modifica-se a fórmula, e esse problema é eliminado. Pronto! Virou-se um ciclo e deu-se um passo na conquista da escala de consumo.

Vamos supor que, agora comercializado em uma região inteira, o produto gere um comentário da Luana, mãe de dois filhos: "Essa embalagem tem o desenho de um pato, mas o ideal seria que tivesse também o formato e pudesse flutuar depois que o conteúdo fosse consumido." Pode estar aí a sugestão de um aperfeiçoamento que turbinará vendas futuras.

Muitas vezes, o MVP permite uma "pivotagem", ou seja, uma mudança de rumos na estratégia. Nesse caso, o que era um xampu convencional pode se transformar em um produto específico para crianças, que não arde nos olhos, tem cheirinho de frutas e cuja embalagem vira um brinquedo. O que era geral transforma-se em um diferencial de nicho. Os testes com produtos viáveis mínimos servem, portanto, para delimitar também seu alcance de mercado.

Vale dizer que a grande ideia e seu modelo inicial de negócio compõem 5% do processo de empreender. Os outros 95% são o trabalho duro de gerir pacientemente a inovação e a implantação. É o que fazemos quando ouvimos clientes, quando nos debruçamos sobre a engenharia de manufatura e quando estabelecemos métricas para validar incrementos ao produto mínimo.

O maior medo de muitos empreendedores não é descobrir que sua visão é errada ou ouvir um sonoro "não" de investidores potenciais. O grande pesadelo é ver sua ideia desconsiderada, esquecida, sem nunca ter sido colocada à prova. Solução? Faça, comece, mesmo que timidamente. Verifique se existe alguma aceitação, considere as críticas com humildade, trabalhe bastante para tornar esse produto realmente viável em escala.

Tudo isso pode ser feito se seu modelo de produção é enxuto, leve e adaptável. Mas isso não se resume à linha industrial. É preciso que sua equipe também tenha esses atributos, que esteja disposta a mudar, a abrir mão de convicções e a testar novas hipóteses de valor.

Como fazer isso?

- Prefira lotes menores e processos de produção que possam ser modificados sem grandes esforços e investimentos.
- Não pense em produzir muito, mas em produzir bem. A princípio, eficiência é mais importante que escala.
- Respeite a opinião de quem sustentará seu negócio, o cliente-consumidor.
- Fale com muitas dessas pessoas, de diferentes lugares, idades e classes sociais. Busque um recorte amplo de pesquisa.
- Quando detectar um defeito, procure efetuar imediatamente a correção. Não acostume o público-alvo com atributos negativos; mostre empenho na busca de solução.
- Mostre as avaliações do produto mínimo para toda a equipe, do engenheiro-chefe ao João que faz a manutenção noturna das máquinas.
- Um processo de acerto ou correção deve envolver toda a equipe. Todos devem saber o que estava errado, a solução que está sendo buscada e o efeito desse refinamento no produto.

- Aponte problemas, mas não busque culpados. Valorize coletivamente o desenvolvimento de soluções.
- Considere que mudanças radicais podem se dar em detalhes: uma cor, um formato, um tamanho, um nome. A dica de uma criança, como o filho do porteiro do seu edifício, pode ser a chave para o sucesso de seu empreendimento.
- Registre esses processos em documentos escritos, áudios e vídeos. Esse material educativo pode ajudar na formação de futuros colaboradores. É a história viva de seu empreendimento.

Agora é sua vez!

- Responda: quando alguma coisa dá errado, você mira primeiro a busca de culpados ou a busca de soluções?
- Se há um culpado, você procura saber o porquê desse erro ou dessa omissão?
- De que forma um equívoco ou falha pode se tornar um aprendizado?
- De que maneira a correção pode se tornar uma lição para toda a equipe?
- O que é mais importante: punir ou ensinar?

Ética e responsabilidade social

Pense a respeito:

Um industrial sabe que, se substituir um ingrediente, o custo de produção será reduzido. A qualidade, no entanto, cairá também: seu biscoito ou macarrão será menos saudável e nutritivo. O que ele deve fazer? Manter tudo como está? Efetuar a alteração, mas avisar aos consumidores? Realizar a mudança e não informar a ninguém?

Dura mais tempo no mercado uma empresa que trabalha com seriedade, ética, respeito pelo meio ambiente e compromisso social. Você concorda?

UM CASO REAL

AVENTURA DE APRENDIZADO DIGITAL

Um bom exemplo de modelo empreendedor pode ser encontrado na experiência de Danilo Augusto Martins, 38 anos, dono daquele que é hoje um dos maiores portais esportivos do Brasil.

Esse jovem paulistano se graduou em Tecnologia da Informação. Por vários anos, dedicou-se ao desenvolvimento de sites corporativos, prestando serviços a empresas como Fiat, Umbro, ESPN, Brastemp, Mercedes, Editora Abril e Sky.

No fim da década de 2000, depois de trabalhar no canal digital da ESPN, resolveu investir seu tempo livre em um hobby, ou seja, em criar um indexador de notícias relativas a seu time do coração, o Corinthians. A graça estava em um sistema que identificava informações repetidas e descartava os conteúdos já publicados.

Quando esse robô foi ativado no meio online, em 2009, os torcedores no Twitter adoraram a experiência. Danilo, no entanto, nunca parou de inventar, testar, corrigir, aprimorar e desenvolver seu produto.

O indexador virou um site e, aos poucos, passou a produzir seu próprio conteúdo, ou seja, tornou-se uma empresa jornalística no ambiente cibernético.

Seu custo inicial foi próximo de zero. Para manter o site no ar, pagava apenas R$40 para um servidor. Depois de dois anos de trabalho, atingiu a expressiva marca de 100 mil acessos mensais.

"Ora, se eu colocar publicidade, deixo de gastar com o servidor", conta. Danilo passou, então, a utilizar a ferramenta de um motor de busca que insere anúncios no site de acordo com o perfil do visitante.

Logo, o hobby se mostrou bem mais lucrativo do que sua atividade profissional. Danilo começou a criar uma série de atrativos para os torcedores, como ficha de todos os atletas, páginas de estatísticas, histórico de jogos memoráveis, além, é claro, de uma cobertura do dia a dia do clube.

Hoje, o portal soma mais de 3 milhões de visitas mensais. Em alguns meses, chega a 5 milhões. Tornou-se, portanto, um dos mais populares sites esportivos do Brasil.

Quais são seus diferenciais? O portal não é "isento", como aqueles da mídia convencional. É feito por corintianos para corintianos, com uma estrutura organizada para fóruns e comentários dos torcedores.

"Quando acaba o jogo, eles vão lá para comemorar ou lamentar, pois sabem que ali todos estão vivendo o mesmo sentimento", conta Danilo.

Esse é um bom exemplo de startup enxuta, como aquelas preconizadas por Eric Ries. Hoje, o Meu Timão tem uma robusta equipe de editores, repórteres e comentaristas. Mas o negócio começou muito pequeno, com apenas uma pessoa e seus próprios recursos.

Danilo não esperou ter um produto perfeito para lançá-lo no mercado. Pelo contrário, começou com um serviço digital bastante modesto. O que contava era a inovação e a atenção aos interesses específicos de seu público.

Vale lembrar que o Corinthians tem cerca de 30 milhões de torcedores, muitos deles absolutamente fanáticos. Em número de simpatizantes, é superado apenas pelo Flamengo.

A cada dia, Danilo aprendia com as críticas e as sugestões. Processava essas informações e, diariamente, realizava correções, aprimorava o conteúdo e agregava melhorias técnicas, facilitando a navegação e a participação do usuário na experiência digital.

Esse desenvolvimento constante foi fundamental para fidelizar o público-alvo e atrair novos interessados no produto.

Mas o portal ainda é um canteiro de obras permanente. O sucesso do negócio depende de atualização e aperfeiçoamento contínuo. O jovem empreendedor antecipa a receita do êxito futuro.

O trabalho daqui para a frente é ser cada vez mais multimídia, mais multiplataforma. Qual rede social você usa? Instagram? Twitter? Facebook? YouTube? Twitch? Tiktok? Um veículo de comunicação precisa ser praticamente onipresente nos dias de hoje.

11

O PREÇO DE VENDA

O PREÇO DE VENDA

Estabelecer o valor certo para seu produto ou serviço é algo importantíssimo para um empreendimento. É o que chamamos de precificação. Há várias questões envolvidas. Se o produto for barato demais:

- O empreendedor pode ter prejuízo, ganhando menos do que o necessário para manter o negócio.
- O cliente pode desvalorizar o produto, relacionando o baixo preço à qualidade.

Se o produto for caro demais:

- O cliente pode buscar produtos similares, mais baratos, na concorrência.

Além disso, vale lembrar que hoje existem formas alternativas de gerar receita com um negócio. Um exemplo é o modelo isca e anzol, no qual a empresa vende um produto barato para depois ganhar de maneira recorrente. Lembra quando éramos crianças e comprávamos um álbum muito baratinho? Só que depois gastávamos toda nossa mesada comprando os pacotes de figurinhas. Um modelo semelhante é utilizado hoje por fabricantes de impressoras, que lucram com a venda dos cartuchos.

Também temos os ganhos com propaganda, em que o preço se estabelece em modelos associados ao volume. Se você oferecer horas e horas de vídeos totalmente gratuitos no seu canal do YouTube e ele tiver muitas visualizações, a plataforma pagará a você um valor referente aos conteúdos comerciais visualizados em seus vídeos. Nesse caso, a boa receita depende de escala, pois os pagamentos unitários têm valor irrisório.

As formas de gerar receita, portanto, estão se diversificando, mas alguns parâmetros para a determinação de valor seguem inalterados. É o que veremos neste capítulo. Primeiramente, vamos analisar os aspectos externos que influenciam o preço.

Aspectos externos que influenciam o preço

Posicionamento do Produto ou Serviço

O preço deve ser compatível com a estratégia da empresa. Se escolhermos oferecer um produto popular de preço baixo, teremos que vender em quantidade para obter lucro. Se escolhermos, entretanto, comercializar um produto diferenciado, o preço deve ser compatível com esse padrão de qualidade ou inovação.

> **É importante destacar que muitos clientes acreditam que o PREÇO MAIS ALTO é um SINALIZADOR DE QUALIDADE.**

Valor Percebido pelo Consumidor

Vale prestar atenção àquilo que chamamos de percepção de valor. Quanto vale uma garrafa de água no meio do deserto? Às vezes, de acordo com as circunstâncias, o cliente naturalmente atribui alto valor a um serviço ou produto.

Análise da Concorrência

Não adianta o consumidor dar muito valor ao nosso produto se a concorrência vende um produto equivalente a preço menor. Por isso, é importante olhar também os preços que a concorrência pratica.

Aspectos internos que influenciam o preço

O preço precisa estar de acordo com a realidade do mercado. Não pode, no entanto, dar prejuízo para a empresa. Dessa forma, é importante analisar os custos de produção, calcular a margem de lucro esperada e avaliar se determinado nível de preço é vantajoso.

Vamos agora analisar os custos da empresa e ver como influenciam o preço.

Custos Variáveis e Custos Fixos

As empresas têm dois tipos de custos para produzir: os variáveis e os fixos.

Os **CUSTOS VARIÁVEIS** estão diretamente ligados a cada unidade vendida ou produzida.

Por exemplo: a matéria-prima utilizada em cada unidade, os salários dos operários rateados pelo número de unidades produzidas e a compra de mercadorias para revender.

Os custos variáveis são proporcionais ao volume de produção e são fixos por unidade. Imagine que produzimos tortas e gastamos R$12 em ingredientes para cada torta. Se produzirmos apenas uma, gastaremos R$12, mas se produzirmos 10 tortas, teremos que multiplicar o custo da matéria-prima por 10, certo? E se produzirmos 100 tortas? Você acertou se disse que o valor terá que ser multiplicado por 100. Essa é a característica dos custos variáveis: eles aumentam de acordo com a quantidade produzida ou vendida.

Os **CUSTOS FIXOS** não estão ligados a cada unidade produzida.

São custos gerais da empresa, como aluguel da planta industrial, gastos com internet e manutenção de veículos. São fixos, independentemente da quantidade produzida ou vendida. Não importa se a loja

O preço de um produto deve ser tal que, dada a quantidade vendida, seja possível cobrir todos os custos e ainda restar um ganho para o empreendedor.

vendeu dez ou mil unidades no mês. O aluguel das instalações será o mesmo.

Exemplo de Custos Variáveis e Custos Fixos

Já citamos a artesã Sílvia em capítulos anteriores. Para fazer uma almofada, ela gasta um metro de tecido, cinco metros de linha e um quilo de espuma. Seus custos variáveis de produção são os seguintes:

Custo para produzir uma almofada básica	
Espuma	R$1,50
Tecido	R$5
Linha	R$0,50

Portanto, cada almofada custa para Sílvia R$7. Esses são seus custos variáveis. No entanto, ela também tem outros custos, que são mensais e não podem ser divididos por unidade produzida. Por exemplo: a energia elétrica, a manutenção de sua máquina de costura, as despesas que ela tem para entrar em contato com seus clientes (telefone, internet e transporte). Esses são os custos fixos do negócio de Sílvia.

Quais são os custos variáveis no caso de uma empresa de serviços? Normalmente, o custo variável mais importante é o custo da hora de trabalho do profissional que prestou o serviço. Por exemplo, uma esteticista terá como custo variável de cada atendimento sua própria hora de trabalho e o valor dos produtos que utiliza. Os custos fixos serão o aluguel do espaço de trabalho, a energia elétrica, o salário de uma assistente, se houver, e as despesas com telefone e internet.

Cálculo do ponto de equilíbrio

Qual será o lucro se vendermos 200 tortas em um mês a um preço de R$65 por unidade?

Imagine que nossos custos com a loja de tortas sejam os seguintes:

Ingredientes por torta	R$12
Aluguel mensal e condomínio	R$ 1.800
Energia, água e taxas mensais	R$ 350
Remuneração mensal da empreendedora	R$ 3.000

Neste exemplo, não consideramos os impostos que incidem sobre a venda de uma torta. Receita com as tortas = preço de venda x unidades vendidas.

Receita = 200 x 65 = 13.000

Custos variáveis = 200 x 12 = 2.400

Margem de contribuição = 10.600 (diferença entre o preço de venda e os custos variáveis).

Custos fixos: R$1.800 + R$350 + R$3.000 = R$5.150

Lucro líquido = Margem de contribuição - custos fixos

Lucro líquido = 10.600 - 5.150 = R$5.450

Agora responda à pergunta: quantas tortas precisamos vender para não ter lucro nem prejuízo? Vamos usar a seguinte fórmula:

Receita - custos variáveis - custos fixos = lucro

Isso significa que:

(Preço x quantidade vendida) - (custos variáveis x quantidade vendida) - custos fixos = lucro

Se não tivermos nem lucro nem prejuízo, quer dizer que empatamos os custos e que o lucro é igual a zero. Então temos:

(Preço x quantidade vendida) - (custos variáveis x quantidade vendida) - custos fixos = 0

Como conhecemos o preço e os custos variáveis e fixos, vamos substituir na fórmula:

(65 x q) - (12 x q) - 5.150 = 0

Logo, isolando q:

Q (65 - 12) = 5.150

Q = 5.150/53

Q = 98 unidades

Essa é a quantidade de tortas necessárias para empatar os custos com as entradas de dinheiro. Essa fórmula é muito importante! Trata-se do PONTO DE EQUILÍBRIO econômico-financeiro, e indica **o momento em que a empresa começa a dar lucro**.

Fórmula do ponto de equilíbrio

Q = Custos Fixos/(Preço - Custo Variável)

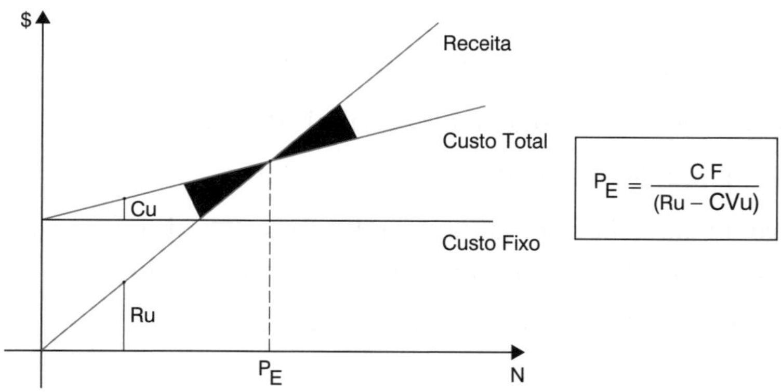

Onde:

Q = Quantidade produzida ou vendida

Cu = Custo unitário

Ru = Receita unitária

PE = Ponto de equilíbrio

CVu = Custo variável unitário

ESQUEMA DO PROCESSO DE DEFINIÇÃO DE PREÇOS E VALORES

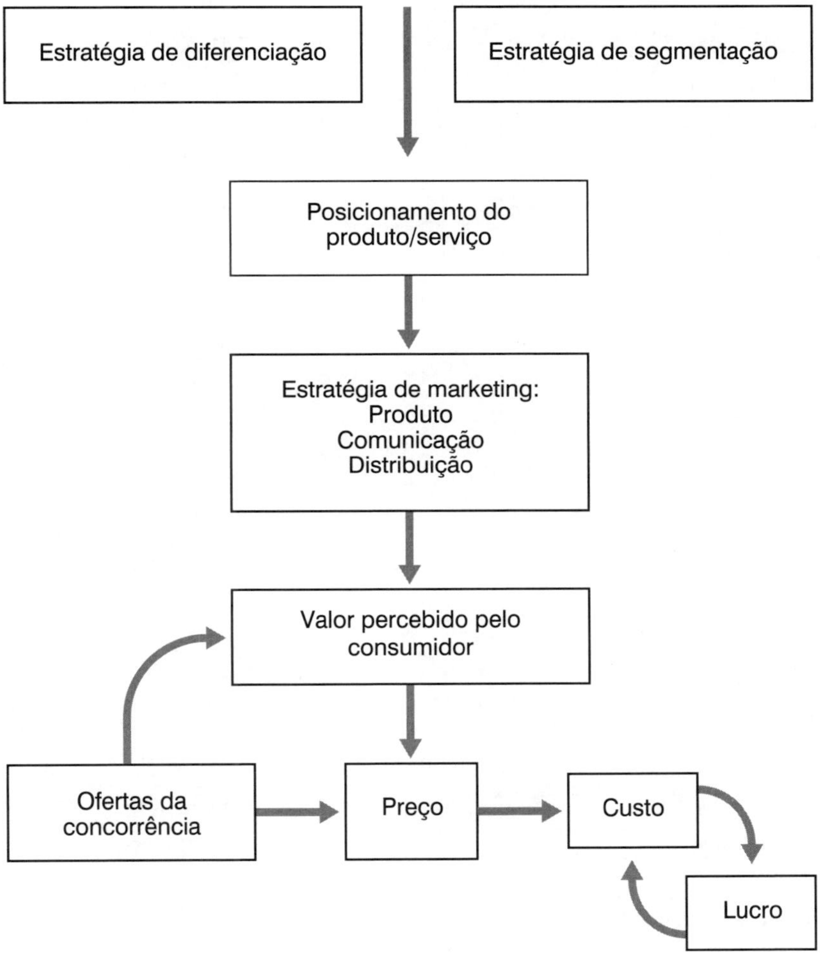

Alguns modelos de cálculo do preço de venda

Em muitos momentos, será necessário calcular o preço de venda de seus produtos, e, para isso, será necessário usar planilhas e fazer contas. Para facilitar seu trabalho, exibimos a seguir três exemplos de cálculo de preço de um produto, um serviço e um artigo vendido no comércio.

Fabricação de calçado Unidades produzidas: 4.000		
	Valor unitário	Valor total
Preço de venda	33	R$132.000
Custo de matéria-prima	-5	R$(20.000)
Comissão de vendas (2%)	-0,66	R$(2.640)
Custo de produção	-5	R$(20.000)
ICMS (18%)	-5,94	R$(23.760)
ICMS-Crédito (18%)	0,90	R$3.600
PIS (0,65%)	-0,21	R$(858)
Cofins (3%)	-0,99	R$(3.960)
IRPJ (1,2%)	-0,40	R$(1.584)
CSSL (1,08%)	-0,36	R$(1.425,60)
Margem de contribuição	15,34	R$61.372,20
Custos fixos da empresa	-3	R$(12.000)
Lucro operacional	12,34	R$49.372,20

Comercial Número de peças vendidas 4.000		
	Valor unitário	Valor total
Preço de venda	73	R$292 000
Custo de mercadoria vendida	-43	R$(172.000)
Comissão de vendas (2%)	-1,46	R$(5.840)
ICMS (18%)	-13,14	R$(52.560)
ICMS - Crédito (12%)	5,16	R$20.640
PIS (0,65%)	-0.47	R$(1.898)
Cofins (3%)	-2,19	R$(8.760)
IRPJ (1,2%)	-0,88	R$(3.504)
CSSL (1,08%)	-0,79	R$(3.153,60)
Margem de contribuição	16,23	R$64.924,40
Custos fixos	-5,50	R$(22.000)
Lucro operacional	10,73	R$42.924,40

Empresa de treinamento Curso oferecido a 500 pessoas		
	Valor unitário	Valor total
Preço do curso	150	R$75.000
Custo de instrutor por aluno	-20	R$(10.000)
Coffee break de aluno	-5	R$(2.500)
Custo de apostila por aluno	-8	R$(4.000)
Comissão de vendas (3%)	-4,50	R$(2.250)
ISS (5%)	-7,50	R$(3.750)
PIS (0,65%)	-0,98	R$(487,50)
Cofins (3%)	-4,50	R$(2.250)
IRPJ (4,8%)	-7,20	R$(3.600)
CSSL (2,88%)	-4,32	R$(2.160)
Margem de contribuição	88,01	R$44.002,50
Despesas fixas	(24)	R$(12.000)
Lucro operacional	64,01	R$32.002,50

Obs: Os valores entre parênteses significam que são negativos. Os números podem apresentar variações mínimas em função de arredondamento.

Ética e responsabilidade social

- Existe cartel quando empresas do mesmo ramo se unem para definir preços, burlando a livre concorrência. Já o truste é a fusão de empresas do mesmo setor, resultando em uma empresa muito grande. A oferta se concentra em apenas um fornecedor (monopólio) ou em um número pequeno demais deles (oligopólio). Quando há uma situação de monopólio ou oligopólio, o consumidor final acaba pagando mais caro por produtos que nem sempre têm a melhor qualidade. Trustes e cartéis são provas claras de que mercados com livre concorrência sempre beneficiam o consumidor final.

12

PROMOÇÃO

PROMOÇÃO

Débora juntou suas economias para montar a melhor casa de festas da cidade. Ela sabe animar esses eventos, e os doces e salgados são excelentes. Além disso, seu bom gosto para decorações é inigualável. Só faltou... todo mundo ficar sabendo disso! O que Débora deve fazer?

O empresário norte-americano Nelson Rockefeller (1908–1979), detentor de uma das maiores fortunas do mundo, uma vez declarou: "Se tivesse um único dólar no bolso, iria investi-lo em propaganda."

O mundo moderno gira em torno da comunicação. As coisas só se tornam efetivas, reais, quando anunciadas. Não adianta ter um excelente produto se ninguém ficar sabendo. Por isso, a promoção é cada vez mais importante nas empresas: algumas gastam milhões e milhões de dólares para tornarem-se conhecidas. Esse setor, no entanto, também enfrenta desafios com o nosso mundo em constante mudança. Até pouco tempo atrás, um anúncio na principal emissora de televisão do Brasil, no horário nobre, levaria a mensagem a 35 milhões de pessoas. Hoje, a emissora disputa o público com os portais de filmes e séries na internet e as redes sociais, então esses números podem variar muito.

Nos tempos atuais, se um *youtuber* famoso ou *influencer* digital falar do seu produto, pode ser mais efetivo para alavancar vendas do que um anúncio em TV aberta. Os influenciadores digitais, ou *digital influencers*, são assim chamados porque milhões de pessoas os seguem em suas redes sociais, e suas opiniões são respeitadas e adotadas pelo público.

Imagine que você produz roupa infantil. Agora considere que uma *influencer* famosa tem um site voltado a mães de bebês e crianças e que é seguida por 15 milhões de pessoas. É claro que se um internauta segue esse tipo de canal é porque evidentemente tem algum vínculo com crianças e bebês ou suas mães. São pessoas que têm filhos ou são tias e tios, avós e avôs, pessoas de algum modo ligadas ao mundo das crianças.

Agora imagine que você opte por fazer um anúncio de suas roupas infantis na página inicial de um site qualquer de vendas. É claro que nem todos que visualizarem seu produto terão o mesmo interesse que as pessoas da comunidade da *influencer*.

Hoje discute-se muito a questão do roubo de dados e de informações sobre as pessoas nos ambientes digitais. As empresas querem ter informações sobre você para mostrar os anúncios de produtos que são especificamente de seu interesse.

Se você entrou em um site de buscas e digitou a palavra "crianças" no campo de pesquisa, é provável que tenha filhos, sobrinhos ou netos e, em algum momento, poderá comprar roupas para eles. É por isso que, quando você entra na internet e digita, por exemplo, pesca, imediatamente, independente do site que visitar, começará a ver anúncios de varas, anzóis ou viagens de pescaria. Essa guerra pela informação é o novo desafio do mundo da propaganda. Veremos a seguir essas e outras questões, mas não esgotaremos o tema. O mundo da comunicação está em constante mudança, e você precisará aprender sempre e se manter atualizado para conseguir o máximo de benefícios para seu negócio.

Existem três tipos de promoção:

- Propaganda
- Promoção de vendas
- Relações públicas e assessoria de comunicação

Propaganda

É uma forma paga de comunicar-se com os clientes. Pode dar-se por meio de anúncios em televisão, rádio, outdoor, jornais, revistas e canais digitais, como sites e portais. Existem meios mais baratos de se propagandear um produto ou serviço, como a distribuição de folhetos pela cidade ou a difusão gratuita das ofertas por meio de celular.

Os meios digitais têm se mostrado cada vez mais eficazes. Turbinar uma oferta de vendas no Instagram e Facebook, assim como promovê-la no YouTube, faz com que a mensagem chegue a um grande número de pessoas. O Google também oferece opções para destacar seus produtos e serviços nos resultados de busca. Pesquise e conheça a fundo as opções do mundo digital. Se necessário, converse com algum especialista em marketing digital ou faça um curso sobre o tema.

Propaganda também requer planejamento. A seguir, veremos o que você precisa definir antes de gastar seu dinheiro em uma campanha.

Objetivos a serem atingidos

Os objetivos de uma propaganda podem ser: tornar o produto conhecido, mostrar sua relevância, exibir sua qualidade, lembrar as pessoas de sua existência ou desenvolver um relacionamento com os clientes.

Público-alvo

Estabelecer uma comunicação com os clientes potenciais do produto ou serviço. Mirar grupos com determinadas características de faixa etária, formação cultural, condição econômica e localização.

Mensagem

A mensagem de uma propaganda pode ser racional ("O sabão em pó que lava sem danificar o tecido"), nesse caso ligada aos benefícios tangíveis do produto. Pode ser emotiva, no estilo "A vida para nós só tem sentido com você". Outras mensagens têm apelo moral: "Não basta ser pai, tem que estar presente."

Seleção dos canais adequados

O importante é focar os veículos que se comunicam diretamente com seu público-alvo. Se você precisa atingir clientes que residem ou frequentam a região próxima ao negócio, não faz o menor sentido veicular anúncios em televisão ou grandes jornais. Seria desperdício de dinheiro. Nesse caso, será muito mais eficaz simplesmente distribuir folhetos de porta em porta, pregar cartazes no comércio da região e veicular o anúncio em um ambiente de internet que reúna moradores da vizinhança, como turbinando um post no Instagram.

Hoje, no entanto, muitos negócios não estão focados em um público geograficamente localizado, pois é possível efetuar vendas pela internet. Nesse caso, é possível comprar inserções publicitárias de baixo custo que serão apresentadas ao seu público-alvo. Vamos supor que você venda ou produza miniaturas de carros clássicos. Pois um portal de busca na internet, como o Google, pode entregar sua oferta a pessoas do mundo inteiro que acessarem sites de réplicas automotivas.

Orçamento

Também é importante saber quanto o empreendedor se dispõe a gastar. Não é somente a disponibilidade de recursos que conta nesse caso, mas também o volume de vendas esperado com a propaganda. Não faz sentido gastar muito se o retorno em vendas não cobrirá os custos com a publicidade.

Forma de mensuração

Uma vez realizado o esforço de propaganda, é preciso medir seu impacto. As grandes empresas fazem pesquisas de mercado caríssimas para verificar se a percepção do consumidor sobre determinada marca ou produto mudou após uma campanha publicitária. Buscam também verificar que impactos os anúncios tiveram no volume de vendas. Hoje utiliza-se a expressão *Return On Investiment* (ROI) para nomear a aferição da taxa de retorno do investimento.

Uma forma simples e barata de verificar o efeito da propaganda é perguntar a cada novo cliente como ele ficou sabendo da empresa.

Vale também consultar os consumidores para verificar como veem as peças de propaganda da companhia. Convém perguntar se consideram os anúncios claros, objetivos, explicativos, éticos e capazes de expor os atributos das mercadorias e serviços.

Lembre-se de que qualquer tipo de propaganda física precisa ter respeito pelo meio ambiente. Evite a poluição visual e o descarte de material. O anunciante sujo acaba trabalhando contra si próprio, pois prejudica, e muito, a imagem de sua empresa. Também é preciso ter cuidado com os anúncios digitais invasivos, que se repetem a cada página visitada. Nesse caso, é bem provável que o cliente potencial se torne antipático à marca que abusa do apelo publicitário.

Também é fundamental que a propaganda seja honesta. É antiético e ilegal:

- Omitir informações relevantes sobre o produto.
- Exagerar ou inventar virtudes inexistentes.
- Ocultar o verdadeiro preço.
- Falsear dados sobre prazos de entrega e regras de devolução.

É preciso ser honesto, pois não há nada pior do que a propaganda enganosa. Certamente, o cliente insatisfeito não voltará mais, e ainda falará mal de seu negócio para muitas outras pessoas. Além de ser antiética, essa conduta é proibida por lei. Um consumidor pode denunciar e processar uma empresa que veicula informações inexatas ou inverídicas em sua publicidade.

Promoção de vendas

É uma ação de curto prazo e tem o objetivo de alavancar os negócios no ponto de venda. Exemplos: descontos, prêmios e brindes, cupons de desconto, sorteios, programas de fidelidade, incentivos e comissões dirigidas aos vendedores.

Relações públicas

> **Uma evolução das estratégias de promoção é o atual *cash back*, prática em que a empresa devolve parte do dinheiro pago por um produto ou serviço ao consumidor. Por exemplo, em algumas lojas de roupas, a compra de uma peça gera um crédito para ser gasto na próxima compra.**

É muito importante a interação com o ambiente externo. É fundamental que você participe de eventos ou reuniões, físicos ou digitais, nos quais seus clientes estarão presentes. Inscreva-se, portanto, em grupos de discussão, fóruns e congressos. Marque presença nos lugares onde são discutidos assuntos vinculados ao seu negócio.

Quem tem um negócio deve tomar parte em eventos organizados por associações comerciais, lideranças industriais ou governo local. Ali serão feitos contatos, ou seja, serão construídas relações que ajudarão a desenvolver a empresa.

É importante também visitar feiras setoriais e até mesmo montar um estande para a apresentação de produtos e serviços. Os clientes do setor costumam frequentar esses eventos para saber das novidades, prospectar novos fornecedores e fazer contatos.

Organismos como o Sebrae e as federações de indústrias podem financiar a participação de pequenas empresas em eventos desse tipo. Para isso, é preciso unir esforços com outros pequenos negócios. Mesmo assim, se a opção de participar como expositor for muito cara, o empreendedor deve ir apenas como visitante, para trocar cartões de visita, conhecer pessoas e verificar as atividades dos concorrentes.

Assessoria de comunicação

Sabe quando você abre um site ou portal e encontra matérias sobre restaurantes, bares, lojas de roupas, escolas e outros serviços ou produtos? Não seria interessante que seu negócio também estivesse contemplado nesse conteúdo de comunicação? E se um *influencer* digital experimentasse seu produto e emitisse uma opinião?

Sabe como é chamado esse tipo de texto que apresenta um produto, serviço ou evento para um órgão de imprensa? Release (de press-release, expressão inglesa).

Raramente é por golpe de sorte que um empreendedor aparece, sem custo, em canais midiáticos. Para que isso ocorra, em geral, é realizado um trabalho de assessoria de imprensa. É uma forma econômica e eficiente de divulgar um produto ou serviço, com a vantagem de agregar a reputação daquele veículo de comunicação.

Muitas empresas mais robustas contratam um profissional especializado nesse trabalho (relações públicas ou jornalista). A seguir, entretanto, daremos algumas dicas para que você mesmo possa fazer o trabalho de relacionamento com os órgãos de mídia.

Como fazer assessoria de imprensa

1. Em primeiro lugar, é necessário que você faça uma lista dos blogs, canais de YouTube, *influencers*, páginas do Instagram, programas de televisão, sites, programas de rádio, jornais e revistas nos quais seu produto poderá ser divulgado.
2. Consiga os e-mails, telefones e contatos de WhatsApp ou Telegram dos editores ou repórteres desses veículos. Se você conhecer um jornalista ou assessor de imprensa, peça-lhe os contatos desses profissionais. Você também pode procurar esses endereços eletrônicos nos próprios sites das empresas de comunicação na internet.
3. Depois, pense em seu produto e de que forma ele pode ser relevante para agregar valor a uma matéria jornalística. Que novo benefício ele oferece? No que é diferente dos outros?
4. Então, escreva um texto curto (no máximo vinte linhas), com título, contando objetivamente o que é o seu produto. Agregue algumas fotos ou um vídeo também de curta duração.

5. Selecione na lista de canais escolhidos aqueles que são mais próximos do perfil do seu produto. Verifique quais editorias e profissionais lidam com temas associados ao seu negócio.
6. Envie esse material, sem se esquecer de indicar todos os seus contatos (telefone fixo, celular e sistemas de mensagem instantânea). Agregue os endereços de seus perfis nas redes sociais (Facebook, Twitter e Instagram). Lá, os jornalistas poderão obter mais informações sobre o seu negócio.
7. Atenção: erros de escrita acabam fazendo uma "promoção às avessas" de seu empreendimento. Se redigir não é o seu forte, peça ajuda a um parente, amigo ou profissional especializado.

Agora tente preparar o release de seu negócio.

ÉTICA E RESPONSABILIDADE SOCIAL

Algumas poucas propagandas de TV ainda insistem em exibir a chamada "família perfeita", como nas peças produzidas com o intuito de promover margarina ou carros espaçosos.

Tradicionalmente, os meios de comunicação tentaram estabelecer uma perfeição expressa em marido alto, esposa sorridente, dois filhos obedientes, normalmente no padrão de beleza europeu, confortáveis em uma vistosa casa de classe média próspera.

Esse tipo de propaganda é irreal por vários motivos.

A população brasileira é composta por pessoas de todas as etnias e tipos físicos. O que prevalece aqui é a miscigenação. Além disso, no início desta terceira década do século XXI, apenas um grupo reduzido de pessoas pode ter o padrão de vida mostrado nos anúncios.

As famílias brasileiras normalmente são bem diferentes daquelas que estrelam os comerciais. Segundo o IBGE, quase metade dos lares brasileiros têm mulheres como chefes de família, pois os homens tiveram que migrar, sofreram algum tipo de acidente, foram vítimas da violência ou simplesmente abandonaram a casa.

Esse tipo de anúncio ultrapassado gera desconforto nas pessoas, como se elas fossem obrigadas a seguir o modelo publicitário para ter sucesso na vida.

Agora é com você. Elabore um anúncio hipotético de margarina para a televisão. Mostre uma família brasileira típica e, dentro do possível, empenhada em vencer as dificuldades e prosperar. Retrate os valores e a realidade econômica de nosso povo.

13

DISTRIBUIÇÃO E VENDAS

DISTRIBUIÇÃO E VENDAS

Com o produto pronto, é preciso vendê-lo, levá-lo ao mercado e colocá-lo em um lugar acessível aos clientes potenciais. O canal de venda pode afetar a imagem da empresa, a exposição da mercadoria e, consequentemente, a receita e a margem do lucro da empresa. A seguir, veremos as principais estratégias e canais de venda atualmente utilizados.

Venda direta

É a venda porta a porta, por meio de um profissional especializado.

Venda no varejo

Consiste em colocar o produto em comércios varejistas, como lojas ou supermercados. A empresa pode também optar por ter seu próprio ponto de venda. O varejo trabalha com a oferta de pequenas quantidades, para clientes que buscam mercadorias para consumo próprio. Exemplo: um supermercado que vende um saco de feijão a uma pessoa que irá cozinhá-lo e comê-lo nas refeições da família.

> **Na franquia, há redução do risco para ambas as partes: o franqueado está abrindo um negócio que já deu certo e com assistência de um grupo que acumulou experiência. O franqueador, por sua vez, ampliará a rede com o capital dos parceiros. Para os dois lados haverá, no entanto, redução do lucro, uma vez que os ganhos serão divididos.**

Venda no atacado

O distribuidor que abastece o supermercado com quinhentos sacos de feijão, todos os meses, está operando no atacado. Consiste, pois, em adquirir grandes volumes, normalmente em acordos com os próprios produtores, e distribuí-los para as redes de varejo para posterior revenda.

Venda por telefone, WhatsApp ou internet

Operações estabelecidas por telemarketing ou por ofertas dirigidas de comércio eletrônico. São modelos utilizados por empresas que pretendem atingir um grande volume de clientes, sem contato presencial e sem restrição geográfica. É o caso de pessoas e companhias que anunciam em portais digitais de vendas, negociam online e enviam os produtos para qualquer lugar do país e, por vezes, do mundo.

Hoje, no entanto, a venda por WhatsApp vem assumindo um papel importante também nas vendas locais. João, por exemplo, era chef de cozinha em um restaurante que fechou as portas durante a pandemia. Mas ele não perdeu tempo: montou uma estrutura profissional na cozinha de casa, seguindo todas as normas sanitárias exigidas para produzir refeições com segurança e limpeza. No fim de semana, João divulga o cardápio da semana; todos os dias são três opções de pratos. Os mais de duzentos clientes cadastrados fazem seus pedidos. Ele cozinha tudo de manhã e ao meio-dia sai para entregar.

As grandes redes de lojas e o *franchising*

São comuns hoje as empresas que têm redes de lojas em setores como o de supermercados e farmácias. É importante destacar que, nesse campo de atuação, há duas estratégias possíveis: a rede própria e a rede de franquias, ou *franchising*.

No caso da rede própria, o comerciante expande sua rede com capital próprio. No caso da franquia, cede a exposição da marca e uma espécie de licença de uso de seu modelo de negócio. Assim, há um sócio investidor que, para replicar a loja original, paga royalties ao franqueador.

ÉTICA E RESPONSABILIDADE SOCIAL

Muitas pessoas pensam no vendedor como alguém que pretende "empurrar" o produto a qualquer custo para o possível consumidor. Mas será que essa é a melhor forma de vender? Na verdade, esse tipo de comportamento pode espantar a clientela. Afinal, ninguém quer ser feito de bobo. O melhor vendedor conhece seu cliente, compreende suas necessidades e possibilidades. De que adianta vender uma televisão caríssima, com inúmeras inovações tecnológicas, para a Dona Hermelinda, uma septuagenária que apenas quer assistir ao Jornal Nacional e à novela das nove da noite? Talvez ela tenha que abdicar de outros produtos fundamentais de seu cotidiano para pagar pelo eletroeletrônico. Pior: pode ser que ela atrase a prestação ou se renda à inadimplência. Nesse caso, ela não é a única prejudicada. Perdem também as instituições de crédito e a própria empresa varejista.

Trace dois perfis: um deles do bom vendedor; outro, do mau vendedor, aquele que prejudica o cliente e sua empresa. Que benefícios ganham o mercado e a sociedade quando os vendedores são honestos e conscienciosos?

14

ORGANIZAÇÃO E GERÊNCIA DE UM NEGÓCIO

Por que Sílvia acha que não dará certo contratar o primo? Comente a decisão de Luciano.

Uma empresa, grande ou pequena, é uma engrenagem, um sistema em funcionamento que envolve recursos, máquinas, pessoas, e não pode parar nem errar. É preciso que tudo flua, sem interrupções; que as pessoas façam o que têm de fazer, na hora certa.

Quanto maior a empresa, mais complexos serão seus processos de trabalho. Mas os pequenos negócios também precisam ter preocupação quanto à estrutura. É preciso funcionar com eficiência. Afinal, os clientes estão cada vez mais exigentes e demandam mais qualidade e resultados pelo valor que pagam.

Montando a estrutura da empresa

As empresas normalmente são organizadas em departamentos, cada um com suas tarefas e responsabilidades. Os pequenos negócios precisam definir as atribuições dessas unidades de gerenciamento, mesmo que várias delas sejam lideradas pela mesma pessoa. Os departamentos não precisam ser ilhas isoladas, eles devem conversar entre si. As empresas modernas são cada vez mais horizontais e fluidas, com fronteiras menos rígidas. Mas nenhuma delas dispensa uma base estruturada com papéis e responsabilidades definidos.

Principais departamentos de uma empresa

Departamento Administrativo

É responsável por:

- Contas a pagar e receber.
- Análise, aprovação e manutenção de propostas de fornecedores.
- Compra de materiais e almoxarifado.
- Manutenção de equipamentos.
- Manutenção dos arquivos da empresa.

Departamento de Pessoal ou Departamento de Recursos Humanos

É responsável por:

- Manutenção da folha de pagamento e outras atividades administrativas referentes aos funcionários.
- Desenho da estrutura de cargos, salários e plano de carreira.
- Recrutamento e seleção de profissionais.
- Desenvolvimento de competências na equipe, organizando treinamentos, enviando pessoas para cursos, palestras e congressos.
- Manutenção de um bom clima de trabalho na organização.
- Resolução de conflitos na equipe.
- Avaliação do desempenho.
- Gestão da motivação dos funcionários, supervisão e orientação dos líderes de equipes.

Departamento Financeiro

É responsável por.

- Elaborar e controlar o orçamento anual.
- Controlar as entradas e saídas de dinheiro, cuidando do caixa.
- Aplicar os recursos disponíveis.
- Programar investimentos.
- Aprovar (ou não) despesas de outros departamentos.
- Ajudar a contabilidade a preparar os demonstrativos financeiros.
- Manter as contas atualizadas.

Departamento de Marketing

É responsável por pesquisar o mercado, recolher informações relevantes, planejar estratégias de comunicação, promoção e distribuição, além de fornecer ideias de novos produtos para o Departamento Técnico. Também tem a importante função de monitorar o mercado e responder a ele quando necessário.

Catarina e sua irmã, Márcia, são sócias em uma loja de roupas. Catarina observou que a protagonista da novela das sete usa blusas e saias com muitos bordados, apliques de flores e bichinhos. Por isso, orientou sua irmã, que é estilista, a elaborar peças nesse estilo.

Departamento Comercial

Ocupa-se das vendas da empresa e do relacionamento com os clientes. Planeja promoções, mantém contato com os canais de distribuição, realizando todos os trâmites relativos ao lançamento e comercialização dos produtos no mercado.

Departamento Técnico ou de Produção

Encarrega-se de manufaturar os produtos ou presta os serviços. Além disso, procura desenvolver inovações para qualificar a oferta da empresa. É o que chamamos de trabalho de pesquisa e desenvolvimento. Nesse sentido, deve ser apoiado com informações fornecidas pelo Departamento de Marketing, pois de nada adianta investir em inovações que não sejam demandadas pelos clientes e pelo mercado.

Organograma da empresa

Os departamentos e funções se estruturam conforme o quadro a seguir, que chamamos de organograma. Essa estrutura pode ter outros formatos, dependendo da necessidade de cada empresa. Além de definir funções, estabelece hierarquias: quem se reporta a quem, ou seja, determina quais pessoas devem supervisionar e orientar o trabalho coletivo.

Que tal tentar agora preparar o organograma do seu negócio?

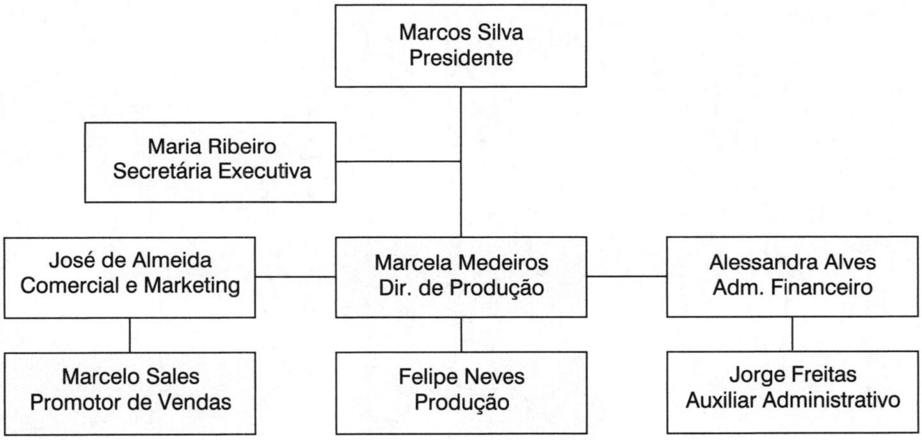

Plano de pessoal

Para cada caixa criada no organograma, é preciso definir:

- Quais são as responsabilidades daquela pessoa.
- Quais são as atividades que realizará.
- Quais competências deve ter.
- Como será remunerada e de quais benefícios usufruirá.
- Como será seu progresso em termos de carreira e salário.
- Como será avaliado seu desempenho.

Coordenando e gerindo competências

O que realmente move uma empresa é seu capital intelectual, ou seja, o conjunto das inteligências, competências e experiências das pessoas que ali trabalham.

É muito bom poder trabalhar com pessoas queridas; mas essa experiência somente é válida se elas possuem reais competências para colaborar com o desenvolvimento da empresa.

Quanto maior o conhecimento compartilhado, melhor será o resultado. Primeiramente, é importante determinar quais são as competências necessárias para o negócio funcionar bem e desenvolver-se. Depois, convém compor a equipe de modo que as pessoas se complementem, cada uma executando muito bem determinada parte do trabalho.

Às vezes a empresa pode precisar de uma competência que ainda não está presente na equipe. Nesse caso, há duas soluções: contratar um novo profissional ou oferecer cursos de capacitação para colaboradores dispostos ao aprendizado.

Infelizmente, é comum vermos empreendedores contratando funcionários ou escolhendo sócios com base simplesmente na simpatia e na proximidade afetiva. O fato de gostarmos de uma pessoa não significa que ela esteja capacitada para exercer determinadas funções em nosso negócio.

Liderança e motivação da equipe

Reunidas as pessoas certas, é preciso orientá-las, liderá-las e cuidar para que permaneçam sempre motivadas. Para maximizar a produtividade, é fundamental que todos trabalhem com entusiasmo e comprometimento. É necessário que as pessoas se sintam úteis e capazes de produzir algo de valor, para a equipe, para a empresa, para si próprias e para a sociedade.

Felicidade e produtividade são palavras que deveriam estar sempre associadas. Não há fórmula milagrosa para fazer com que as pessoas se sintam satisfeitas. Há, no entanto, procedimentos e posturas que podem auxiliar as lideranças nessa missão:

- Confiar no potencial de cada pessoa e propor desafios que promovam o crescimento pessoal.
- Reconhecer o esforço e o mérito.
- Incentivar a busca do aperfeiçoamento.
- Adotar políticas de remuneração justas e compatíveis com o mercado.

Modelo de Maslow: a pirâmide das necessidades

Maslow foi um psicólogo que estudou o processo de motivação das pessoas. Ele definiu que existe uma hierarquia nas necessidades humanas, conforme mostra a figura a seguir. Supõe-se que o indivíduo plenamente realizado esteja satisfeito em todas essas dimensões.

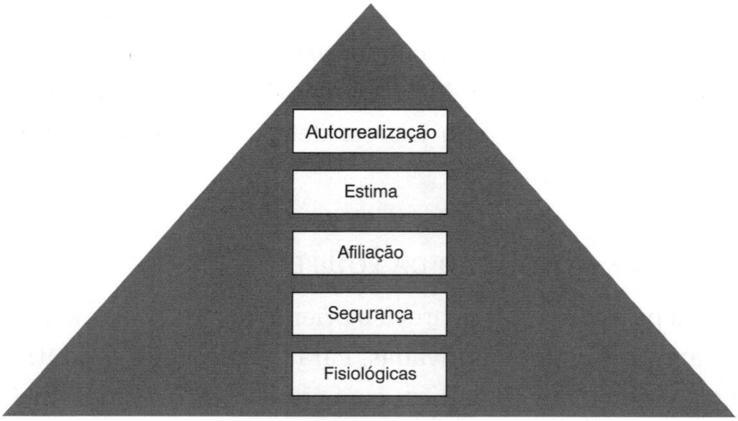

Modelo de Herzberg

Herzberg definiu que há fatores higiênicos e fatores motivacionais dentro de uma empresa. Se considerados isoladamente, os fatores higiênicos não geram motivação, mas a inexistência desse conforto pode levar à desmotivação da equipe:

- Salário e benefícios.
- Ambiente de trabalho.
- Clima entre a equipe.
- Estilo de chefia.

Os fatores motivacionais estão vinculados à experimentação, aprendizagem, autonomia e crescimento.

Como vimos, ambos os modelos sustentam a mesma tese: funcionários são motivados por desafios e busca de realização, sempre que houver remuneração compatível e condições de trabalho adequadas.

Ética e responsabilidade social

Assédio sexual é crime! Desde maio de 2001, o assédio sexual passou a ser crime punível com pena de detenção de um a dois anos no Brasil. Segundo a lei, assédio sexual significa:

> *- Constranger alguém com o intuito de obter vantagem ou favorecimento sexual, prevalecendo-se o agente da sua condição de superior hierárquico ou ascendência inerentes ao exercício de emprego, cargo ou função. (art. 216-A do Código Penal)*

O assédio moral também é um delito grave, previsto na Constituição, no Código Civil brasileiro. Para saber mais sobre o tema, e caso seu trabalho envolva contato com outras pessoas, não deixe de ler a *Cartilha de Prevenção ao Assédio Moral*, produzida pelo Tribunal Superior do Trabalho em parceria com o Conselho Superior da Justiça do Trabalho.

O dono da empresa é também responsável pela qualidade de vida de seus empregados e familiares. Reflita: como sua empresa afeta ou afetará o destino dessas pessoas?

UMA ARTISTA NA PANDEMIA

Daniela Falceta Gonçalves tem 43 anos e é uma dinâmica empresária paulistana, amante da pintura, formada em Arquitetura e Urbanismo, Desenho de Comunicação e Artes Plásticas, com especialização em Arquitetura Hospitalar.

Em 2000, com quatro amigas, abriu sua empresa, um escritório de arquitetura e design de interiores. Desejavam desenvolver grandes projetos urbanísticos, mas começaram com "mínimo serviço viável", como reformas em cozinhas, projetos de lavabos e desenhos personalizados de mobília.

Daniela fala do início de sua trajetória:

- Para que o negócio se consolidasse, percebi a importância do *networking*. Aos poucos, conquistei meus primeiros clientes, prestando serviços sem grande relevância para meu portfólio. Essas atividades, no entanto, foram fundamentais para nos colocar na "vitrine" e, desse modo, obtivemos trabalhos de maior porte.

Esse foi o padrão dos primeiros cinco anos, em que a empresa fazia de tudo. Depois disso, em situação mais confortável, Daniela buscou novos horizontes, especializando-se na realização de obras em formato *turn key*, ou seja, quando uma companhia é contratada para executar integralmente um trabalho, do início até a entrega da chave. Focou nas áreas de saúde e alimentação.

A crise econômica, iniciada na metade da década de 2010, reduziu drasticamente a demanda por serviços convencionais na área de construção civil e arquitetura. Assumindo a liderança de um segmento de negócios da empresa, Daniela focou no desenvolvimento de soluções para o setor hospitalar, que seguia em expansão.

Em 2020, a arquiteta ainda se recuperava de uma enfermidade quando foi convocada pelos clientes corporativos a juntar-se à linha de frente contra a Covid-19. Com urgência e valentia, comandou equipes dedicadas a adequar estabelecimentos de saúde, constituindo áreas de proteção, isolamento e assepsia de equipamentos e vestuário. Nessa atividade laboral, acabou contraindo a doença, mas mesmo assim não sossegou, retornando ao escritório depois de dois dias de internação.

Ela conta parte de sua saga:

- Tivemos, por exemplo, que encarar uma UTI lotada, ampliar o espaço e implantar barreiras de isolamento. Naquele momento, trabalhando 24 horas por dia, fizemos a entrega antecipada de 62 leitos. Tudo em tempo recorde. Passamos por momentos dramáticos, como executar a obra que garantiu a alimentação da rede de gases medicinais para este novo pavimento.

Para esse serviço, a empresa estimou o mínimo de uma hora de trabalho. O corpo clínico concedeu 30 minutos aos técnicos e operários. Nesse período, os médicos e fisioterapeutas teriam que assistir individualmente e até manualmente os pacientes internados, muitos deles entubados.

Começou uma operação cinematográfica, com tudo cronometrado. Suor, tensão e silêncio absoluto. De repente, o milagre. A equipe agiu de forma tão concentrada, organizada e sincronizada que o procedimento foi concluído em sete minutos. O esforço certamente salvou muitas vidas. Três meses depois, no entanto, o engenheiro empenhado nesses esforços perdeu a vida. Mais uma vítima da Covid-19.

Nesse período, uma das maiores preocupações de Daniela foi manter a confiança e a determinação de sua equipe de trabalho, que reuniu de arquitetos a operários. Primeiramente, garantiu o emprego de todos, e ainda ofereceu todo o suporte psicológico para que enfrentassem os desafios. Em adição ao zelo técnico, apostou suas fichas na gestão responsável dos recursos humanos.

Daniela conclui desta forma seu testemunho:

- Fizemos o que precisava ser feito, no momento em que o país precisava do nosso saber e da nossa energia. Nos próximos anos, quero ver as novas gerações assumindo essas responsabilidades, contribuindo para o avanço de nossa sociedade. Espero que me substituam e que eu, no futuro, sem pressa, possa me dedicar mais à produção artística.

15

OS PROCESSOS DE TRABALHO DA EMPRESA

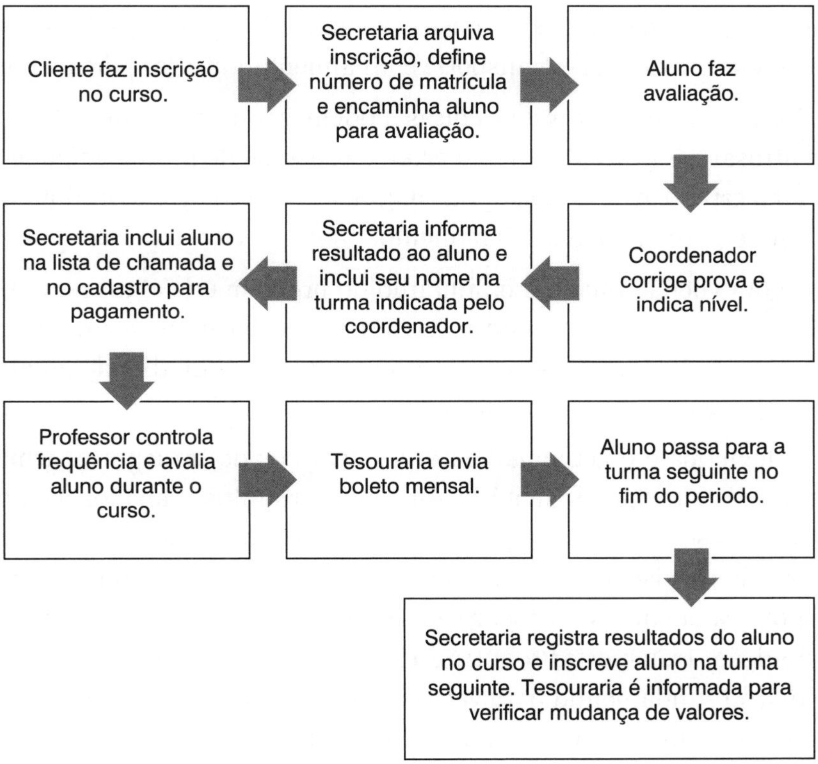

O diagrama mostra as etapas seguidas em um curso de inglês quando um aluno chega para ter aulas. Para funcionar, uma empresa depende de diversas atividades que são desenvolvidas de forma simultânea. Se realmente quiser obter os resultados projetados, é importante que o empreendedor conheça detalhadamente esses processos, determinando onde e quando ocorrem.

Se os processos estão claramente definidos e organizados, as rotinas não são interrompidas, as pessoas sabem como agir, e os erros se tornam eventos raros. As pessoas também conseguem trabalhar de maneira mais fluida, sem esperar que os chefes tomem todas as iniciativas e decisões.

Logística

Você já pensou como pode ser longo o caminho desde a concepção de um produto até o momento em que chega às mãos do cliente?

É preciso obter a matéria-prima, fazer com que chegue à indústria, executar o processo de fabricação, checar a qualidade, embalar, estocar, realizar a venda, providenciar transporte e, finalmente, entregar para o cliente.

Nesse caminho, muitas coisas podem acontecer: um fornecedor pode atrasar a entrega de um material, o processo de produção pode sair com algo errado, o caminhão pode enguiçar na estrada e o produto pode quebrar-se por mau acondicionamento.

Agora você já imagina o tamanho do problema de algumas marcas que são distribuídas em todo o território brasileiro, às vezes em cada pequena cidade. Cada tropeço representa queda na qualidade ou atraso na entrega, o que afeta a reputação da empresa.

A logística é o gerenciamento dos serviços de transporte, armazenagem e distribuição de matérias-primas e produtos acabados. Um bom exemplo desse trabalho é aquele relacionado com as campanhas de vacinação. É preciso receber as doses do imunizante, acondicionar em temperatura adequada, estocar sem danificar, estabelecer um plano de distribuição, transportar e entregar no prazo estipulado. O esforço de logística foi fundamental para vacinar toda a população brasileira contra a covid-19 em um tempo surpreendentemente pequeno, por exemplo. Ao mesmo tempo, vimos como um erro logístico do governo do estado fez com que muitas vidas fossem perdidas em Manaus por falta de oxigênio, o que levou à intervenção do Governo Federal.

Empresas de serviços também têm questões de coordenação?

Sim! Muitos serviços precisam ser prestados na hora e no local em que o cliente necessita e deseja. Tudo fica complicado quando há demandas urgentes e simultâneas. Imagine uma cidade que sofreu um apagão e posterior oscilação no fornecimento de energia elétrica. Muitas residências, indústrias e estabelecimentos comerciais terão problemas em suas redes elétricas, em maquinários e aparelhos. Evidentemente, os eletricistas ficarão sobrecarregados e terão que se desdobrar para atender cada chamada. No entanto, em dias normais, é provável que esses prestadores de serviços fiquem ociosos.

O problema de agendamento e de deslocamento dos profissionais tem que ser muito bem planejado. Muitas empresas prestadoras de serviços optam por oferecer preços especiais, com desconto, em horários de menor procura. Outras empresas criam planos de contingência, ou seja, preparam-se para situações de urgência. Quando isso ocorre, chamam funcionários de folga, alugam equipamentos adicionais ou contratam avulsos para complementar as equipes.

A CIRCULAÇÃO DO CONHECIMENTO DENTRO DA EMPRESA

Outro ponto importante que diz respeito ao funcionamento de um negócio é a circulação de conhecimento e informações. Há empresas nas quais as pessoas trabalham isoladas, cada uma confinada em seu departamento. Os departamentos não se comunicam. Parece que os funcionários atuam em empresas diferentes. Ninguém sabe muito bem o que o colega está fazendo.

As consequências? Alienadas, focadas em suas próprias rotinas, as pessoas não identificam o esforço dos outros e não são, portanto, capazes de valorizá-lo. Dessa forma, não há colaboração nem troca de saberes que poderiam beneficiar a empresa.

As melhores empresas têm departamentos integrados, harmônicos, funcionando de forma orgânica. Esse empenho coletivo fortalece relações, facilita o entendimento da missão, abre caminho ao aprimoramento de processos, eleva a qualidade, imprime rapidez à produção, contempla o desejo do cliente e, consequentemente, valoriza a companhia.

Mas não basta ouvir! Os funcionários também têm que falar, sem medo dos líderes, formulando perguntas, apontando erros, sugerindo correções e propondo inovações.

O chefe jamais deve considerar como insulto uma crítica autêntica e construtiva. Não pode, pois, deixar que o orgulho e ego o impeçam de dialogar abertamente com os subordinados. A liderança que se fecha na arrogância acaba por prejudicar a si mesma, inibindo a iniciativa dos colaboradores e atrasando o desenvolvimento da empresa.

16

O CONTROLE DE DESEMPENHO DA EMPRESA

O CONTROLE DE DESEMPENHO DA EMPRESA

Como avaliamos se a empresa está na direção certa? É preciso coletar informações para medir o desempenho, de maneira que possamos detectar problemas, efetuar correções e até mesmo mudar a estratégia.

A seguir, veremos algumas ferramentas importantes que nos auxiliam nesse campo.

Desempenho de mercado

Se os clientes estão comprando os produtos, é porque estão satisfeitos. Uma queda no volume de vendas pode indicar algum erro de estratégia. Será o preço? Será a qualidade? Será a ação da concorrência? Será o prazo de entrega?

Avaliação da satisfação dos clientes

É importante perguntar regularmente aos clientes se eles estão satisfeitos com o que a empresa oferece. Essa pesquisa pode ser feita no próprio ponto de venda, por telefone, por internet ou por meio de questionário entregue com o produto. Muitas vezes, o cliente está comprando conosco, mas pensa em procurar outro fornecedor na próxima vez.

Avaliação financeira

Os demonstrativos financeiros apontam como estão nossas reservas de recursos, se podemos ter problemas de caixa, se temos fundos para crescer e realizar investimentos. Também podem apontar ineficiência na gestão do capital, indicando áreas que gastam demais ou que rendem retorno insuficiente para a empresa.

Avaliação dos funcionários

Os funcionários devem ser avaliados, avaliar-se e avaliar a empresa. O ideal é que cada profissional tenha seu desempenho analisado por seu chefe imediato, por seus colegas de trabalho, pelos clientes e por ele mesmo. O resultado é interessante porque permite ao empregado comparar a imagem que tem de si com a imagem que os outros têm dele.

Temos que tomar cuidado com as informações obtidas na avaliação: elas devem ser tratadas de modo confidencial, de maneira a respeitar o funcionário e não o expor a situações de constrangimento público.

Orçamento

É fundamental o controle das receitas e despesas. Ao final de cada ano, as empresas devem realizar o planejamento orçamentário do ano seguinte, no qual incluirão as seguintes informações:

1. Volume de vendas — faturamento mensal esperado para o ano seguinte.
2. Projeção de impostos a pagar, salários, encargos e outras despesas.
3. Investimentos programados para o ano seguinte. Ao longo do ano, convém verificar em quais atividades a empresa gastou mais do que esperava e em quais setores está poupando recursos.

Outra vantagem do orçamento é que cada área sabe quanto tem para gastar, planejando suas ações dentro dessas possibilidades.

17

ADMINISTRAÇÃO DA IMAGEM DA EMPRESA

ADMINISTRAÇÃO DA IMAGEM DA EMPRESA

Pense em uma empresa. Certamente, você tem alguma opinião formada a respeito dela. Sabe dizer se realmente entrega o que promete, se os produtos e serviços têm qualidade, se os preços são justos e se o atendimento é adequado? Tudo isso que passou pela sua cabeça é o que chamamos de imagem.

Imagem das pessoas

Quando estávamos no colégio, sabíamos responder rapidamente quando nos perguntavam quais eram os alunos estudiosos e responsáveis e quais eram os bagunceiros e inconsequentes. Agora, adultos, também temos opiniões a respeito das pessoas, e certamente elas têm a respeito de nós.

A imagem é um de nossos principais patrimônios. Por esse motivo, devemos cuidar bem dela. É desastroso quando as pessoas comentam por aí que somos irresponsáveis, preguiçosos, ignorantes, incompetentes ou desonestos. Quando se difunde uma ideia ruim acerca de nós, perdemos empregos, oportunidades de negócio e até mesmo contatos sociais.

As empresas também têm imagem

A reputação de uma empresa pequena se mistura com a imagem de seus sócios-proprietários. Mas, afinal, o que é imagem?

A **IMAGEM** é o conjunto de crenças, ideias e impressões que uma pessoa tem a respeito de um objeto, de uma pessoa e também de uma empresa.

Como as empresas formam sua imagem?

- Interação dos funcionários ou sócios com os clientes.
- Experiência gerada pelos produtos e serviços da empresa.
- Conteúdos disponibilizados nas redes sociais e na internet.
- Campanhas de promoção.
- Trajetória profissional e de vida dos sócios e executivos.
- Responsabilidade social.
- Apoio a projetos culturais e sociais da comunidade.

Como as pessoas formam sua imagem?

- Pontualidade.
- Compromisso, palavra.
- Competência e profissionalismo.
- Honestidade, transparência.
- Seriedade.

O que mais? Agora é você que completa.

A CONSTRUÇÃO DA MARCA

A marca é um nome, símbolo (ou combinação de ambos) que estabelece uma referência de identidade para uma organização, empresa ou produto. Na língua inglesa, utiliza-se o termo *brand*, de origem germânica e que tem o sentido de "queimar". Mas de onde surgiu? Bem, foi da ideia antiga de marcar a ferro quente um animal ou produto. Esse símbolo visava dar uma ideia de fonte, procedência e propriedade para um item comercializável.

Atualmente, o termo *branding* determina o conjunto de ações destinadas a construir, administrar e atualizar uma marca, fazendo com que expresse as virtudes e atributos da organização ou do produto representado. Esse "ing" na palavra constitui o gerúndio (forma nominal do verbo que indica continuidade), ou seja, trata-se de um processo em curso. A gestão de marca, portanto, nunca termina, porque é preciso que se adapte constantemente às mudanças no mercado e nos comportamentos sociais.

A marca resume:

- Atributos, virtudes e benefícios do produto ou serviço.
- Valores, princípios e cultura da empresa.
- Personalidade do produto e da empresa.

ÉTICA E RESPONSABILIDADE SOCIAL

Nossa reputação perante a sociedade é um patrimônio muito valioso. No entanto, o chamado "assassinato de reputações" virou prática comum na internet. É preciso ter cuidado com as informações que ajudamos a viralizar, pois reputações arranhadas injustamente podem destruir carreiras. Antes de compartilhar uma informação, pesquise para verificar se é verdadeira e se o compartilhamento enriquecerá as pessoas que a receberem.

18

PLANEJAMENTO FINANCEIRO

O dinheiro dentro da empresa segue um fluxo que tem entradas e saídas. As entradas de capital podem ser resultado de:

- Pagamentos de clientes por produtos comprados ou serviços prestados.
- Aporte financeiro de sócios.
- Empréstimos com bancos ou instituições de fomento.
- Venda de ativos, como máquinas, equipamentos e imóveis.

No Capítulo 20, veremos o que são exatamente os ativos da empresa.

As saídas de dinheiro podem ser para:

- Pagamentos de despesas.
- Investimentos na empresa.

Dica importantíssima: jamais misture seu caixa pessoal com o do seu negócio. Nada de pagar contas pessoais com o cheque da empresa, e vice-versa. Antes de usar os lucros da empresa para suas despesas pessoais, faça uma retirada de lucro registrada na contabilidade.

A seguir, veremos detalhadamente todos os tipos de entradas e saídas de dinheiro. Mostraremos também como evitar a má gestão do fluxo de caixa. Essa conduta leva ao endividamento e a problemas financeiros, podendo anular os lucros dos sócios e, muitas vezes, inviabilizar o negócio.

Para isso, usaremos o que chamamos de projeção do fluxo de caixa, conforme mostramos a seguir. Depois, analisaremos detalhadamente cada conta desse demonstrativo.

O fluxo de caixa é composto pelas entradas e saídas de dinheiro da empresa. É importante destacar que este usa o regime contábil de caixa. Isso significa que considera as entradas e saídas de dinheiro **no momento em que elas efetivamente acontecem.**

Mês	1	2	3	4	5	6	7	8	9	10	11	12	Total ano 1
Receita bruta													
Deduções													
Impostos incidentes sobre a receita													
Receita líquida													
Custos variáveis													
Margem de contribuição													
Despesas fixas													
Lucro operacional													
Impostos incidentes sobre o lucro													
Lucro líquido													
Reinvestimento em ativos fixos													
Reinvestimento em capital de giro													
Fluxo de caixa líquido													

Essa tabela é um exemplo de fluxo de caixa. A seguir, analisaremos cada item que a compõe.

Receita bruta

RECEITA é o valor de venda do produto versus o número de produtos vendidos.

RECEITA BRUTA é o valor total faturado ao cliente.

RECEITA LÍQUIDA é a receita bruta menos o valor de tributos incidentes sobre a receita, abatimentos, descontos, vendas canceladas e devoluções.

A receita bruta, ou faturamento bruto, corresponde às entradas de dinheiro provenientes das vendas aos clientes.

Projeção das receitas

Para projetar as receitas da empresa, podemos usar a seguinte tabela:

Mês	1	2	3	4	5	6	7	8	9	10	11	12	Total ano 1
Unidades vendidas (A)													
Preço unitário (B)													
Receita de vendas (A x B)													

Também podem fazer parte das entradas de dinheiro: aportes de sócios, empréstimos obtidos e venda de ativos. Essas eventuais entradas podem ser incluídas no fluxo de caixa, abaixo da conta da receita bruta. A seguir, detalhamos um pouco cada uma delas.

Aportes de sócios: os sócios podem aportar, ou seja, colocar mais dinheiro no negócio, em qualquer momento. Eles podem emprestar dinheiro, esperando receber de volta ou realizar um investimento, mas, nos dois casos, o valor deve ser registrado contabilmente.

Empréstimos: a empresa também pode tomar dinheiro emprestado. Embora seja uma possibilidade, esse recurso deve ser evitado sempre que possível. O custo do dinheiro (juros incidentes sobre o empréstimo) é alto. Uma manobra desse tipo pode gerar uma dívida impagável e inviabilizar o negócio. Atualmente, existe uma alternativa para as pequenas empresas, que é o microcrédito, mas as taxas de juros não são tão reduzidas quando poderia parecer. Se necessário e conveniente, procure uma instituição que ofereça esse tipo de apoio financeiro. Mas antes, verifique se esses recursos realmente alavancarão seu negócio e se você terá condições de devolver os valores captados, acrescidos de juros.

Venda de ativos: em qualquer momento, a empresa pode se desfazer de algum ativo que não utilize mais, como máquinas, equipamentos, móveis e ferramentas. Essa também é uma fonte de receita.

Tributos incidentes sobre a receita

Podem incidir sobre a receita de vendas os seguintes tributos no Brasil: ICMS, ISS, PIS, Cofins, Imposto de Renda Pessoa Jurídica e CSSL no regime do lucro presumido. Tanto o Simples como o MEI são calculados sobre a receita da empresa, sempre que esta puder optar por esse enquadramento. Se tiver dúvidas, leia o anexo deste livro a respeito do Sistema Tributário brasileiro.

Receita líquida

A receita líquida é igual à receita bruta, deduzidos os tributos incidentes e qualquer venda cancelada, se houver.

Despesas variáveis

São definidas de acordo com o volume de vendas. Já tratamos do tema no capítulo sobre preços. São necessárias para:

- Comprar matéria-prima e fabricar produtos.
- Pagar profissionais que prestam serviços por hora.
- Comprar mercadorias, no caso de um comércio.

Como vimos anteriormente, as despesas variáveis são proporcionais à quantidade de mercadorias produzidas ou vendidas.

Margem de contribuição

Resultado da receita líquida, menos o total das despesas variáveis.

Despesas fixas

Independem da venda ou produção do negócio. Exemplos:

- Despesas de vendas (salário do vendedor ou de sua equipe) e gastos de representação.
- Despesas administrativas (aluguel da sala, taxas, salário do pessoal administrativo, telefone, internet, energia elétrica e material de escritório).

- Despesas financeiras: referem-se a gastos com a movimentação de dinheiro. Exemplo: as despesas de juros resultantes de um empréstimo realizado.

Lucro operacional

Resultado da receita líquida menos o total de despesas. Esse valor não sobra inteiro para os proprietários: podem haver tributos que incidem sobre o lucro. Além disso, os sócios podem precisar fazer algum reinvestimento.

Tributos incidentes sobre o lucro

No caso do Brasil, trata-se do Imposto de Renda de Pessoa Jurídica e da CSSL, dentro do Regime do Lucro Real (para mais detalhes sobre esse assunto, veja o anexo referente ao Sistema Tributário brasileiro).

Lucro líquido

Resultado do lucro operacional menos os tributos incidentes sobre o lucro.

Reinvestimento em ativos fixos

São as compras para manutenção ou crescimento das atividades da empresa. Pode ser necessário adquirir máquinas, ferramentas, computadores ou reformar uma sala.

Reinvestimento em capital de giro

A empresa também pode ter que reinvestir em estoques, em garantia de crédito aos clientes ou no pagamento de despesas de curto e médio prazo. Nesse caso, o reinvestimento é feito no que chamamos de capital de giro.

Você já observou as formigas? Quando faz tempo bom, elas estão ativas e acumulam suprimentos. Quando as variações climáticas impedem o trabalho, o grupo não se abala, pois tem reservas suficientes para se manter até que tudo se normalize. Esse é um exemplo a ser seguido: a formiga é uma especialista em capital de giro, porque está sempre mantendo uma reserva de caixa.

O empreendedor que simplesmente "vive o momento" corre o risco de perder seu negócio em um período de "vacas magras".

Fluxo de caixa líquido

É o valor que efetivamente sobra para os sócios do negócio. É igual ao lucro líquido, menos os valores reinvestidos.

O valor para iniciar o negócio: o investimento inicial

Existe outro valor importante a se calcular, que é: de quanto precisamos para iniciar o negócio? Esse montante inclui, por exemplo, as despesas para se legalizar a empresa, adequar instalações, organizar o material de vendas e compor um estoque mínimo de produtos.

Esse valor tem que ser o menor possível. Se for possível trabalhar em casa, melhor. Se pudermos pedir móveis emprestados, ótimo. Se der para começar o negócio sem gastar um centavo, é o ideal.

A regra no início é gastar o mínimo possível, pois levará um tempo até que o empreendedor obtenha receitas e lucros. Dessa forma, quanto menos contas tiver para pagar, melhor. Terá mais chances de sobreviver e prosperar.

Exemplo de investimento inicial

Atividades/Meses	**1**	**2**	**3**
Legalização da empresa	2.000		
Produção de site		2.000	
Reforma e compra de móveis		5.000	
Compra de estoque			8.000
Compra de material de escritório			500
Total das necessidades de desembolso	2.000	7.000	8.500

Ética e responsabilidade social

Uma empresa que gasta mais do que pode é irresponsável com seus credores, já que causará prejuízos aos que contam com o dinheiro devido. Chegará um momento em que não poderá honrar suas dívidas.

Qual a relação entre ética e boa gestão financeira?

19

ENTENDENDO OS DEMONSTRATIVOS FINANCEIROS DA EMPRESA

A situação financeira da empresa é controlada e documentada por meio de relatórios ou demonstrativos financeiros. São elaborados pelo contador, com base no controle financeiro realizado internamente. Você precisa aprender a analisá-los, prestando atenção às informações mais relevantes. Segundo a lei, as empresas devem manter, pelo menos, dois demonstrativos financeiros atualizados:

1. Balanço Patrimonial.
2. Demonstração do Resultado do Exercício.

Antes de falar deles, estudaremos alguns conceitos básicos de contabilidade: exercício, regime de competência e regime de caixa.

Exercício ou período contábil

Normalmente, consideramos que o exercício ou período contábil começa no primeiro dia de janeiro e termina no dia 31 de dezembro, com a duração de um ano. O exercício é um ciclo completo do negócio.

Definição de regime de competência

No **REGIME DE COMPETÊNCIA**, os registros são feitos a partir da data de emissão dos documentos contábeis, como notas fiscais e recibos. No **REGIME DE CAIXA**, contabilizamos apenas as entradas e saídas efetivas de dinheiro. O fluxo de caixa usa o regime de caixa.

Exemplo de regime de competência

Imagine que sua empresa fez uma venda para um cliente e emitiu nota fiscal de venda de R$1.000, a serem pagos em quatro parcelas iguais. Pelo regime de competência, você considerará que entraram R$1.000 na empresa, afinal, uma nota fiscal foi emitida. Pelo regime de caixa, porém, você considerará que entrou apenas a primeira parcela, de R$250.

O regime de competência é de uso obrigatório, de acordo com a legislação. Para efeito de controle de caixa, no entanto, pode criar registros ilusórios: a empresa está com uma receita altíssima, mas os pagamentos dos clientes somente serão efetuados no futuro. Dessa forma, o administrador financeiro pode ficar sem dinheiro para pagar suas contas. É por isso que, para efeito de gestão financeira, é utilizado o regime de caixa.

Outro ponto importante é que os tributos são pagos ao governo dentro do regime de competência. Significa que, uma vez emitida a nota fiscal, é preciso recolher os impostos, mesmo que a empresa só receba o dinheiro da venda muito tempo depois.

Agora, sim, vamos conhecer os demonstrativos financeiros.

Balanço patrimonial

Mostra como está o patrimônio da empresa em determinado momento, como se fosse uma fotografia. Quais os bens, recursos e direitos que possui, quais deles foram adquiridos com capital dos sócios e quais foram financiados com dívida. Como o próprio termo "balanço" indica, é composto de dois lados, que devem ter o mesmo valor total. A tabela a seguir mostra um exemplo de balanço.

Companhia ABC
CNPJ no 00.000.000/0001-00
Balanço patrimonial para o exercício findo em 31/12/2021 (em R$ mil)

ATIVO		PASSIVO	
Ativo circulante	**3.030**	**Passivo circulante**	**3.038**
Caixa	530	Salários e encargos a pagar	148
Contas a receber	1.200	Fornecedores	940
Estoques	1.100	Empréstimos	1.059
Seguros	200	Impostos a pagar	891
Realizável em longo prazo	**1.230**	**Exigível em longo prazo**	**1.686**
Títulos a receber	1.230	Empréstimos	1.192
		Impostos parcelados	494
Ativo permanente	**21.280**	**Patrimônio líquido**	**20.816**
Imobilizado		Capital social	10.000
Móveis e utensílios	5.300	Lucros ou prejuízos acumulados	10.816
Veículos	6.000		
Depreciação acumulada	-1.400		
Investimentos	10.200		
Diferido	1.180		
Total do ativo	25.540	**Total do passivo mais PL**	25.540

O balanço patrimonial é composto pelo ATIVO, no lado esquerdo, e pelo PASSIVO e PATRIMÔNIO LÍQUIDO, no lado direito.

O **ATIVO** corresponde ao total dos **bens** e **direitos** de propriedade da empresa que têm valor em dinheiro e que podem trazer benefícios presentes ou futuros.

BENS são, por exemplo, máquinas, terrenos, veículos e produtos em estoque.

DIREITOS constituem tudo aquilo que a empresa tem direito a receber em algum momento, como títulos de bancos, duplicatas e contas a receber de clientes.

É importante destacar que as contas do Ativo estão dispostas em ordem decrescente de liquidez.

LIQUIDEZ é a capacidade que um ativo tem de se transformar em dinheiro.

Por exemplo, uma aplicação na poupança é muito mais líquida que uma casa.

Para se ter acesso ao dinheiro da aplicação, basta fazer um resgate. Vender uma casa e transformá-la em dinheiro pode levar até alguns meses.

O **PASSIVO** é o total de dívidas de uma empresa com bancos, funcionários, fornecedores, governo e outros credores.

PATRIMÔNIO LÍQUIDO é o total dos recursos dos sócios aplicados no negócio. Tanto o capital investido por eles como os lucros não retirados (retidos).

A seguir, vamos ver em detalhes cada conta do Ativo, do Passivo e do Patrimônio Líquido. Consideraremos aqui um balanço realizado para o período de um ano.

Ativo

É composto de ativo circulante, realizável em longo prazo e ativo permanente.

Ativo circulante

É composto por itens que serão transformados em dinheiro em prazo de um ano (ou um período contábil). Por isso, o circulante é o mais líquido dos grupos de contas.

Caixa

É o dinheiro de que a empresa dispõe em caixa para pagar as despesas.

Bancos

Dinheiro disponível na conta bancária da empresa.

Contas a receber

Créditos concedidos nas vendas a clientes, que vencem em um período inferior a um ano.

Estoques

Podem ser de produtos acabados, produtos em fabricação, matérias-primas e peças de reposição que serão utilizadas ou vendidas no período seguinte.

Ativo realizável em longo prazo

São contas que vencem depois do período seguinte, ou seja, em um prazo de dois anos ou mais. Por exemplo: empréstimos oferecidos a clientes com dois anos de prazo para pagar ou depósitos em juízo.

Ativo permanente

É o grupo de contas menos líquidas. Divide-se em imobilizado, investimentos e diferido.

Imobilizado

Bens utilizados na atividade da empresa, como máquinas, instalações de fábrica, computadores, ferramentas e instalações de escritórios.

Investimentos

Aplicações de longo prazo, como em ações, terrenos e imóveis, apenas com objetivo financeiro, ou seja, desvinculadas da atividade operacional da empresa.

Diferido

Recursos investidos em bens intangíveis, que serão aproveitados por vários anos, como capital aplicado em campanhas de publicidade, despesas para abrir a empresa e gastos em pesquisa e desenvolvimento.

Passivo

É formado pelo passivo circulante e exigível em longo prazo.

Passivo circulante

Dívidas da empresa com funcionários, fornecedores, governo e bancos, que vencem em prazo inferior a um ano.

Exigível em longo prazo

Dívidas que vencem em prazo maior que um ano.

Patrimônio líquido

É formado por capital social e lucros retidos.

Capital social

Capital aportado (aplicado) pelos sócios na empresa, no início ou ao longo de suas atividades.

Lucros retidos

São aqueles obtidos com as atividades da empresa, mas que não foram retirados pelos sócios, de modo que sejam reinvestidos no negócio.

Por que a conta dos Ativos tem o mesmo valor que o Passivo somado ao Patrimônio Líquido?

Os bens e direitos da empresa podem ser adquiridos de três maneiras:

1. Por meio de financiamento, ou seja, com capital de terceiros.
2. Por meio dos recursos gerados pela própria empresa.
3. Por meio de recursos aportados pelos sócios.

Como vemos, o item 1 corresponde ao Passivo, o item 2 aos lucros retidos, e o item 3, ao capital social. Logo, os recursos só podem ter origem no Passivo ou no Patrimônio Líquido.

Não podia ser diferente, pois só há duas formas de adquirir coisas: com capital nosso ou com capital de outros. Portanto:

Ativo = Passivo + Patrimônio Líquido

Demonstração do Resultado do Exercício

É um resumo de todas as receitas e despesas da empresa em um período contábil.

Receitas são todas as entradas de dinheiro na empresa, sejam elas resultantes de vendas ou de outras operações. Nesse relatório financeiro, as receitas são subtraídas das despesas para se determinar o lucro ou prejuízo do período.

A seguir, um exemplo de Demonstração do Resultado do Exercício.

Empresa Bons Ventos Ltda. Demonstração do Resultado do Exercício findo em 31/12/2021 (em R$)	
Receita bruta de vendas	150.300
Deduções das vendas	-4.300
Impostos sobre as vendas	-34.569
Receita líquida de vendas	111.431
Custo dos produtos vendidos	-47.520
Lucro bruto	63.911
Despesas operacionais:	
Despesas com vendas	-3.050
Despesas financeiras líquidas	-630
Despesas administrativas	-1.020
Despesas com depreciação	-520
Lucro antes do Imposto de Renda e CSSL	58.691
Imposto de Renda e CSSL	-14.086
Participações	-1.400
Lucro líquido	**43.205**

A seguir, comentaremos cada uma das contas da Demonstração do Resultado.

Receita bruta de vendas

É igual ao preço de venda de cada produto multiplicado pelo total de unidades vendidas.

Deduções das vendas

São as vendas canceladas ou devoluções.

Impostos incidentes sobre a receita

Os impostos que incidem sobre a receita são ISS, PIS e Cofins, no caso de prestação de serviços, e ICMS, IPI, PIS e Cofins, no caso de venda de produtos. Se a empresa optou pela tributação de Imposto de Renda pelo lucro presumido, também o IR e a CSSL incidirão diretamente sobre a receita bruta. Veja mais detalhes no anexo sobre o Sistema Tributário brasileiro.

Receita líquida

É o resultado da receita bruta menos as deduções e impostos incidentes sobre a receita.

Custo dos produtos vendidos

Trata-se do custo para se produzir cada unidade vendida, incluindo matéria-prima, funcionários e outros gastos diretamente relacionados à operação. Pode ser também o custo da mercadoria, no caso de uma empresa comercial.

Lucro bruto

Igual à receita líquida menos o custo dos produtos vendidos.

Despesas operacionais

São as despesas de funcionamento da própria empresa, e se dividem em: despesas de vendas, administrativas, financeiras e com depreciação.

Despesas com vendas

Salários e comissões dos vendedores, despesas com locomoção e alimentação desses profissionais e qualquer outra despesa relacionada a esse tipo de trabalho.

Despesas administrativas

Gastos com pessoal administrativo, material de escritório e equipamentos alocados para o setor.

Despesas financeiras líquidas

São as despesas com juros, resultantes de empréstimos e financiamentos. A empresa também pode ter receitas financeiras se tiver dinheiro aplicado rendendo juros.

Despesas com depreciação

Não correspondem a uma saída de dinheiro. São uma previsão para o desgaste do imobilizado da empresa, como máquinas e instalações. Como a empresa terá que comprar novos equipamentos quando os antigos se tornarem obsoletos, é importante ter essa previsão. Há uma legislação específica que define como calcular a depreciação.

Lucro operacional ou lucro antes do IR e CSSL

Caso a empresa opte pela tributação do IR e CSSL pelo regime do lucro real, essa será a base de cálculo, após alguns ajustes permitidos em lei.

Participações sobre o lucro

Podem ser concedidas a sócios e funcionários da empresa, de acordo com o combinado com cada um e o permitido na lei.

Lucro ou prejuízo líquido

É o resultado do negócio naquele período, que poderá ser reinvestido ou dividido entre os sócios. É importante notar que, como a Demonstração do Resultado do Exercício (DRE) segue o regime de competência, o valor encontrado no lucro líquido não é obrigatoriamente o dinheiro disponível no caixa da empresa.

Quais informações relevantes encontramos nos demonstrativos financeiros?

Quando pedimos um empréstimo a um banco, é comum que os gerentes peçam esses registros. O objetivo é analisar como está a situação financeira da empresa, se tem boa gestão e se terá capacidade de pagar o valor que está solicitando. Uma companhia com recursos financeiros bem geridos terá maior capacidade de honrar seus compromissos.

A seguir, alguns exemplos de informações que podem ser obtidas a partir dos demonstrativos financeiros:

1. No Balanço Patrimonial, verificamos se a empresa tem mais passivo circulante do que ativo circulante. Se as dívidas que

vencem no ano seguinte forem maiores do que os bens e direitos que se transformarão em dinheiro, a empresa poderá enfrentar problemas para honrar os pagamentos.

2. Um passivo circulante muito alto por si só não é bom, pois significa que a empresa precisa financiar suas atividades com dívida de curto prazo, o que é caro e arriscado.
3. Um valor alto na conta Estoques pode significar que a empresa está com muita mercadoria encalhada e com dificuldade de vender e escoar a produção.
4. Pela Demonstração do Resultado do Exercício, podemos ver quanto a empresa vende e quanto gasta em suas atividades, ou seja, se ela é eficiente.
5. Na Demonstração do Resultado do Exercício, também vemos se a empresa paga muitos juros, o que pode mostrar que não gere bem seu dinheiro e que está se endividando.

Esses são apenas alguns exemplos de informações que tiramos dos demonstrativos financeiros. Essas informações não são absolutas, ou seja, não há determinado valor de passivo circulante ou de estoques que seja alto ou baixo demais.

Cada setor de atividades terá determinado nível de valor das contas, e, por isso, só faz sentido analisar um demonstrativo dentro do contexto do setor de atuação da empresa.

Empresas de varejo, como lojas de departamento e supermercados, têm contas de estoque altas, enquanto empresas de serviços quase não têm estoques. Uma siderúrgica ou uma montadora de automóveis têm contas de ativo imobilizado altíssimas, se comparadas a empresas comerciais e de serviços, por causa da grande quantidade de máquinas e equipamentos que utilizam.

20

OS JUROS E A REMUNERAÇÃO DO DINHEIRO

Quando você emprega seu tempo trabalhando para alguém, espera receber algo em troca: um salário ou uma gratificação.

Afinal, seu tempo e seu esforço têm valor. Graças a eles, haverá benefício: um serviço feito ou um produto fabricado. Nosso dinheiro também tem valor. Quando deixamos de gastá-lo, merecemos uma remuneração, pois estamos fazendo o que os economistas chamam de sacrifício de consumo.

Imagine que você acabou de receber R$5.000 extras. Pode usar esse dinheiro para fazer alguma obra em sua casa, comprar um presente para a família ou fazer uma viagem, mas também pode guardá-lo para usar depois. Nesse caso, tende a aplicá-lo em algum investimento com maior ou menor risco, como títulos do Tesouro Nacional, um fundo de investimentos ou mesmo um CDB de um banco de primeira linha. O dinheiro que aplicamos não fica parado. O banco não o guarda em um grande cofre. Ao contrário, utiliza esse dinheiro para conceder empréstimos a outras pessoas, que precisam financiar suas próprias atividades, como comprar uma casa, montar uma empresa ou fazer um curso no exterior.

As empresas também podem pegar o dinheiro emprestado para ampliar seus negócios, comprar novas máquinas e contratar mais pessoas. Essa é a função dos bancos: eles captam dinheiro e, enquanto o poupador não o retira, financiam as atividades de outras pessoas e companhias. Na verdade, nem percebemos a ocorrência dessas transações, pois o volume movimentado é muito grande. Se um dia, portanto, você precisar do valor que depositou, ele certamente estará disponível para ser sacado.

A sociedade entende que você deve ser premiado por deixar de gastar seu dinheiro e disponibilizá-lo para o uso de outras pessoas.

A gratificação por esse sacrifício de consumo se dá pela cobrança de juros.

JUROS são a remuneração do dinheiro que não usamos para consumo e que aplicamos em uma instituição financeira.

Como calculamos os juros

Normalmente, ouvimos dizer que uma aplicação rendeu determinada quantia ao mês. Um extrato de investimento indica o rendimento que ela teve. No jornal, reportagens mostram que o rendimento da poupança foi de, por exemplo, 0,2% em determinado mês. Para entender o que isso quer dizer, precisamos explicar alguns conceitos de matemática! Não vá embora, serão cálculos simples.

Taxa de juros — é a taxa à qual rende o dinheiro. Por exemplo, 0,4% ao mês é um exemplo de taxa de juros.

Principal — é o valor sobre o qual a taxa de juros incidirá. Imagine que alguém deposite R$100 em uma conta. Então, esses R$100 reais serão nosso principal.

Fórmula para calcular os juros.

J = P x I

onde:

J = Juros

P = Principal, ou valor investido

I = Taxa de juros

Exemplo: um poupador depositou R$1.000 em uma conta de poupança que rende 1% ao mês. Quanto receberá de juros em cada mês?

$$J = P \times I$$

$$J = 1.000 \times 0{,}01$$

$$J = 10{,}00$$

Note que a taxa de juros é usada em seu formato decimal! Na verdade, 1% é uma forma de escrever 0,01. Veja a seguir as equivalências para entender melhor.

1% = 0,01

5% = 0,05

10% = 0,1

50% = 0,5

100% = 1

Agora você!

2% =

4% =

12% =

75% =

Importante! Se quiser calcular o rendimento de seu investimento, lembre-se de que, se você não retirar os juros, eles serão incorporados à aplicação! Assim, rapidamente estará recebendo juros sobre juros.

Veja:

Principal = 1.000

Taxa de juros = 0,01

Juros no mês = 1.000 x 0,01 = 10

Valor no segundo mês de aplicação:

Principal 1.000 + 10 = 1.010

Juros no mês = 1.010 x 0,01 = 10,10

Valor no terceiro mês de aplicação:

Principal = 1.010 + 10,10 = 1.020,10

Juros no mês = 1.020,10 x 0,01 = 10,20

E assim por diante! Pois é, quanto mais tempo deixamos o dinheiro poupado, mais aumenta nosso principal e maiores são os valores dos juros!

Por que estamos estudando juros?

Simples! Porque você aplicará dinheiro em seu negócio. Se deixasse seu dinheiro investido em um fundo de investimentos ou outra aplicação, receberia um prêmio. Você precisa saber, portanto, como seu negócio remunerará seu capital! Para isso, precisará ter noções de juros.

ÉTICA E RESPONSABILIDADE SOCIAL

Os serviços financeiros são fundamentais para a economia de um país. Pesquise o assunto na internet se quiser entender melhor como o setor financeiro de um país é um dos fermentos que fazem a economia crescer melhor e mais rápido.

No entanto, precisamos procurar sempre instituições de primeira linha que cobram juros de mercado. Tome cuidado com instituições que dão crédito de maneira muito rápida e fácil, pedindo poucos documentos e cobrando juros abusivos.

21

O LUCRO

O LUCRO

Para algumas pessoas, especialmente em determinadas culturas, "lucro" é uma palavra que desperta desconfiança, que sugere ganância e até mesmo exploração.

Infelizmente, essa ideia incorreta se estabeleceu devido à atuação de empresários inescrupulosos, para os quais os fins justificam os meios. São pessoas que fazem qualquer coisa para elevar seus ganhos.

Na verdade, o lucro nada mais é do que a justa recompensa que o empreendedor deve receber por seu esforço, ou seja, por seu trabalho diário no próprio negócio ou pelo risco que assumiu ao investir em um empreendimento.

O lucro é vital e se constitui em pilar de sustentabilidade na ação empreendedora. Sem ele, um negócio não pode sobreviver por muito tempo. Ele sinaliza competência reconhecida, prosperidade e desenvolvimento. Gera benefícios para o empreendedor, para sua família e para a comunidade que o cerca.

Afinal, meu negócio é lucrativo?

Para responder a essa pergunta, precisamos entender a função básica do negócio para você, empreendedor, em termos financeiros:

1. Remunerar seu trabalho.
2. Remunerar o capital que você investiu no negócio.

Vamos estudar cada um desses pontos detalhadamente.

Remuneração do trabalho do empreendedor: o custo de oportunidade

Quanto vale seu trabalho? Como empreendedor, você terá que trabalhar de sol a sol. Por isso, sua empresa tem que pagar por seu empenho. É importante, portanto, estipular e incluir no planejamento financeiro uma remuneração, Quanto quer ganhar por mês? Quanto quer retirar da empresa?

Imagine que você espera, em uma situação ideal, fazer retiradas de R$10.000 por mês. É claro que, no início, dificilmente será possível obter essa remuneração. Aliás, muitos empreendedores passam dois ou três anos sem efetuar retiradas significativas. É importante, no entanto, estabelecer uma meta, procurar estabelecer quando a empresa terá condições de remunerar condignamente seus sócios.

Se estiver demorando muito para a empresa premiar seu trabalho, pergunte-se se o negócio é mesmo rentável, se não há alternativa melhor. Talvez você possa empregar seu tempo e energia em outro empreendimento.

Uma ideia para o início do negócio é que os sócios não façam retiradas, mas mantenham alguma fonte de renda alternativa para se sustentar. Assim, terão possibilidade de reinvestir eventuais lucros.

Outra possibilidade é estipular uma porcentagem: de tudo que entrar, por exemplo, um quinto será distribuído entre os sócios. Mas cuidado! Sempre é preciso ver se o negócio não será prejudicado pelas retiradas.

A empresa vem sempre em primeiro lugar, especialmente no início, quando tudo é muito difícil. Uma vez que a empresa atinja certa maturidade, então será possível pensar em retiradas regulares.

Afinal, quando abrimos um negócio, deixamos de lado diversas outras opções profissionais.

Custo de oportunidade é o preço que pagamos por descartar outras chances de desenvolvimento quando decidimos nos dedicar a determinado projeto.

Exemplo de custo de oportunidade

Quando entregamos nosso tempo e nosso dinheiro a uma empresa, estamos nos impondo um sacrifício. Deixamos de trabalhar com carteira assinada para outra pessoa. Nosso capital não será remunerado em um fundo de investimentos ou em outra forma de aplicação. Provavelmente, teremos menos tempo com a família. Esse é o custo de oportunidade do negócio: tudo que deixamos de fazer por causa dele.

Remuneração do capital

Você também aplicou dinheiro no negócio. Por menor que seja esse valor, também há, novamente, o custo de oportunidade. Afinal, esse capital poderia ser utilizado de outra forma. Quanto poderia render na bolsa de valores ou em uma aplicação, por exemplo, de Letras do Tesouro Nacional? Vamos ver! Precisamos estudar um pouco de juros.

Você saberá se seu negócio é bom se ele conseguir remunerar seu capital melhor do que outras oportunidades de investimento. Por exemplo, digamos que você tem R$1.000 em uma aplicação do banco que rende 1% ao mês. Nesse caso, poderá retirar R$10 de juros mensais.

Agora imagine que abriu um negócio e que investiu nele os R$1.000. Segundo seus cálculos, o negócio lhe permitirá uma retirada mensal de R$500, que era o que você esperava, como também um lucro extra de R$30. Nesse caso, seu capital é remunerado de maneira mais interessante que no caso da aplicação.

Comparação entre o rendimento de uma aplicação e do negócio próprio

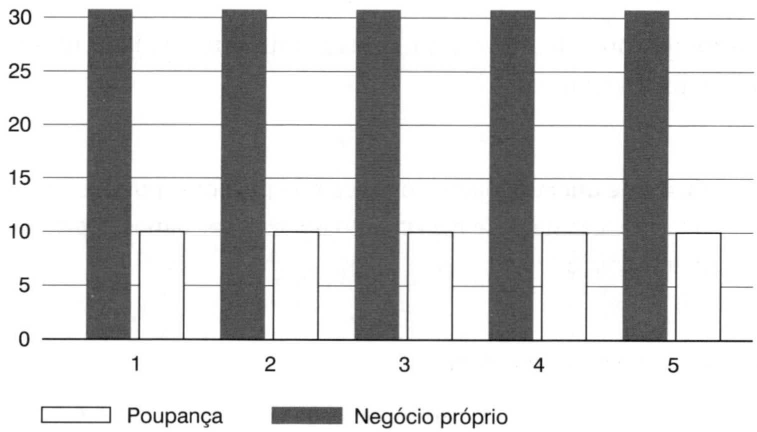

O EXCEL TEM FÓRMULAS MÁGICAS!

Existem muitas planilhas financeiras. O Excel é apenas uma delas e será utilizado aqui a título ilustrativo. Confira a seguir um exemplo de projeção de fluxo de caixa de seu negócio.

Taxa de juros: 12% ao ano				
ANO	**INVESTIMENTO**	**RECEITAS**	**DESPESAS**	**FLUXO DE CAIXA LÍQUIDO**
0	-30.000			-30.000
1		32.000	-18.000	14.000
2		34.000	-19.000	15.000
3		38.000	-21.000	17.000
4		42.000	-23.000	19.000
5		45.000	-25.000	20.000

Agora ensinaremos algumas mágicas do Excel que podem ser utilizadas para medir a rentabilidade de seu negócio. Os exercícios, no entanto, precisam ser feitos passo a passo. O primeiro é digitar no Excel uma tabela igual a mostrada na tabela anterior.

Cálculo do Valor Presente Líquido — VPL

1. Clique em uma célula vazia do Excel.
2. Para inserir uma função, você deve procurar na barra superior o símbolo f(x), que é o assistente de funções.
3. Aparecerá a caixa “Inserir função”. Em primeiro lugar, você precisa pedir para procurar a fórmula VPL. Digite VPL e pressione **Enter**. Quando ele aparecer na lista de funções, selecione dando **Enter** de novo, ou com dois cliques do mouse.
4. O assistente de fórmulas pedirá para você inserir alguns valores. No campo “taxa”, coloque a taxa de juros de uma aplicação que você considere uma remuneração justa para seu dinheiro (pode ser, por exemplo, a remuneração de uma aplicação do banco que você tem acesso). No caso de nosso exemplo, a taxa é 12% ao ano; portanto, você deverá digitar 0,12.
5. No campo “valor”, clique na seta preta ou no x em vermelho, e você voltará para a planilha original.
6. Selecione, com o mouse, as células da coluna “fluxo de caixa líquido”, inclusive a do investimento inicial.
7. Clique em **Enter**.

Você terá encontrado o Valor Presente Líquido. Esse valor indica quanto a mais ou a menos seu negócio rende do que uma aplicação com o rendimento da taxa que você escolheu (no caso do exemplo, 12% ao ano).

Em nosso exemplo, o Valor Presente Líquido é R$26.769,24, usando como taxa 12% ao ano, ou seja, o negócio cria mais valor do que uma aplicação com rendimento de 12% ao ano.

Quando o VPL é positivo, o valor encontrado indica quanto o negócio rende a mais do que a taxa indicada. Quando é negativo, indica quanto rende a menos do que a taxa indicada.

Cálculo da Taxa Interna de Retorno — TIR

No mesmo exemplo, faça o que indicamos a seguir.

1. Clique em uma célula vazia do Excel.
2. Novamente, clique em f(x).
3. Você está novamente no assistente de fórmulas, busque por Tir. Selecione a função Tir com dois cliques de mouse.
4. No campo "valores", clique na seta preta e você voltará para a planilha original.
5. Selecione com o mouse as células da coluna "fluxo de caixa líquido".
6. Clique em **Enter**.

Você encontrou a Taxa Interna de Retorno, que é 44,58%. Essa é a taxa de remuneração do capital desse fluxo de caixa e nesse período.

Utilização do VPL e da TIR

Você pode utilizar o VPL e a TIR para ver se seu negócio, da forma como está projetado, vale a pena financeiramente. Um VPL positivo indicará que o negócio rende mais do que uma aplicação de mercado com a taxa de rendimento escolhida.

Se a TIR, por outro lado, for superior ao rendimento que você poderia ter (por exemplo, com aplicações em um fundo de investimentos ou um CDB de um banco de primeira linha), vale a pena colocar o dinheiro no negócio.

Lucro não é tudo!

As empresas privadas têm muita preocupação com sua lucratividade, muitos teóricos chegam a afirmar que o principal papel de uma empresa é maximizar os ganhos de seus acionistas. No entanto, você sabe que não é assim, pois já entendeu o papel social que uma empresa privada pode ter. Existem certas coisas que não podemos sacrificar em nome de um lucro maior.

1. A ética de nosso trabalho.
2. O bem-estar das pessoas que trabalham conosco.
3. Nosso próprio bem-estar.
4. A qualidade de nosso trabalho.
5. O meio ambiente.

Por outro lado, é importante notar que uma empresa não é uma sociedade filantrópica. Assim, suas decisões de gestão, embora precisem observar o compromisso com a ética, com a sociedade e com os funcionários, também não devem arruinar o negócio. Por exemplo, não adianta nada aumentar os salários dos funcionários a níveis que inviabilizem o negócio, seria até irresponsabilidade. Seus custos aumentarão tanto que em breve terá que fechar e demitir as pessoas que queria ajudar.

Como empreendedor, você terá que saber a todo momento defender seu negócio, vencer no mercado, sendo justo e ético. Não é tarefa fácil! Mas você deve confiar na sua inteligência, nos conhecimentos que está adquirindo e, claro, no bom senso. Talvez um dos principais segredos para se ter sucesso seja aprender a dizer não quando isso for necessário.

ÉTICA E RESPONSABILIDADE SOCIAL

Há condutas que devemos adotar em busca do lucro; outras, no entanto, devemos evitar. Você conseguiria enumerar algumas delas?

22

MANTENHA A MENTE ABERTA E INOVE SEMPRE!

O planejamento de seu negócio não termina nunca! Precisamos recorrer a clichês e lugares comuns para mostrar que vivemos em um mundo em rápida transformação, com consumidores que sempre procuram por novidades.

Há dois exercícios permanentes que gostaríamos de propor. O primeiro é o da melhoria contínua. As empresas utilizam o ciclo do PDCA para a melhoria contínua, e você verá que é algo muito simples.

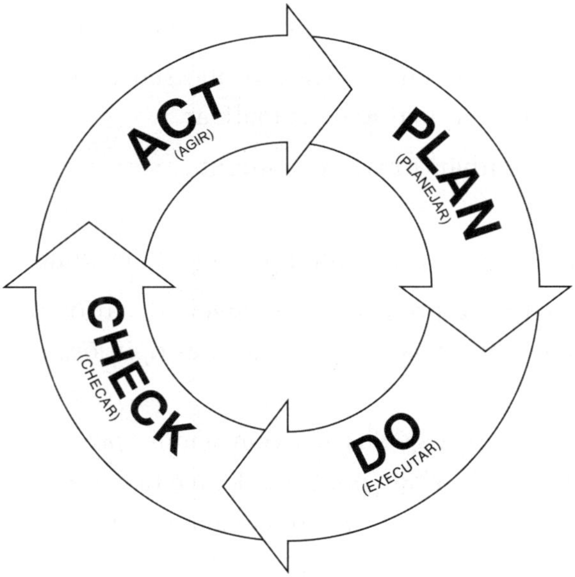

Plan: de planejar. Verifique o que se pode melhorar na empresa e planeje essa inovação, atualização ou aperfeiçoamento. Leve em conta o resultado desejado e os recursos disponíveis.

Do: de fazer, implementar. Consiste em colocar efetivamente em prática o que foi planejado.

Check: de monitorar. Verifique os resultados daquilo que foi implementado, corrigindo possíveis imperfeições.

Act: o ciclo se completa, e a melhoria já pode ser definitivamente incorporada ao processo normal de trabalho.

Use esse ciclo sempre que quiser melhorar algo em sua forma de trabalhar.

Por outro lado, é preciso ter a mente aberta e inovar sempre! Uma ferramenta eficaz para promover esse desenvolvimento é o chamado *design thinking*. É difícil traduzir essa expressão para nosso o idioma. Gostamos de usar "projeto de ideias", porque o que o *design thinking* faz é justamente estimular a inovação e dar forma às ideias criativas.

Suas fases de trabalho são:

Empatizar — você já conhece esse conceito, não?

Definir — colocar em palavras o que seu cliente pode desejar a mais, a partir do trabalho de empatizar.

Idear — desenhar um novo produto, serviço ou melhoria dos existentes.

Prototipar — desenvolver um protótipo do produto.

Testar — expor o protótipo a possíveis usuários para que testem, proponham melhorias e expressem suas opiniões.

No caso de novos negócios, convém sempre prestar atenção ao conceito do Oceano Azul, criado por Chan Kim e Renée Mauborgne. Muitas vezes, é preferível optar por negócios absolutamente novos, com diferenciações fundamentais em relação aos já existentes. Nesse caso, a ordem não é concorrer com os agentes já estabelecidos, mas explorar mercados ou segmentos de mercado ainda não explorados.

Muitos dos negócios de maior êxito, atualmente, surgiram dessa aposta em setores intocados, vazios de concorrência. São os oceanos azuis, onde as águas são mais calmas e você navega sozinho. É o caso da Uber, que resolveu transformar pessoas comuns em pós-taxistas *on demand*. É também o caso do Airbnb, que transformou pessoas e famílias comuns em participantes do mercado da pós-hotelaria.

Agora é com você!

Existe um exercício muito interessante, usado em processos de *design thinking*, que consiste em contar uma história sobre como seu cliente usa o produto que você fabrica ou se vale do serviço que você presta. Conte a história colocando o cliente como protagonista, como se fosse o roteiro de um filme.

Ao terminar, conte de novo, acrescentando mais detalhes. Faça de três a cinco rodadas da história, obrigando-se a incluir mais e mais detalhes em cada uma das versões.

Em uma dinâmica que fizemos com alunos, com a presença de um especialista em *design thinking*, pedimos que descrevessem ao longo de cinco rodadas como usavam sua carteira. O exercício os levou a descobrir, por exemplo, que:

- O local das moedas poderia ser destacado da carteira, de modo a não expor o dinheiro graúdo quando temos que fazer uma compra de menor valor ou pagar a passagem do ônibus.
- A carteira deveria se dividir em uma versão menor para se adaptar às bolsas que as mulheres usam à noite.

Ética e responsabilidade social

Valorize os colaboradores internos que oferecerem boas ideias para o negócio. Dê a esses profissionais o devido crédito, para que sejam reconhecidos pelos colegas e pelo mercado. Quando puder, estabeleça um plano de bonificação para aqueles que participarem do aprimoramento de processos e produtos.

CASO REAL — A ENERGIA DA JUVENTUDE

Na época em que concluímos esta nova edição, Carlos Alberto do Nascimento Júnior tinha 27 anos. Sua amiga e sócia, Caroline da Silva, contava com 25 anos.

Ambos obtiveram graduação universitária em Produção Audiovisual em 2017. Cinco anos antes, no entanto, quando ainda cursavam o ensino médio na conceituada escola estadual Caetano de Campos, criaram a Crown PPMA, uma empresa de produção de vídeos.

A inspiração foi a produção de um filme documentário que contou a história da centenária instituição sob a ótica de alunos, professores e funcionários. O trabalho foi um sucesso, emocionando as plateias internas.

Carlos e Carol perceberam que tinham talento para a coisa e começaram a produzir e a comercializar videoclipes e vídeos institucionais para empresas e outras organizações. As dificuldades, no entanto, logo se apresentaram à dupla, como nos conta Carol.

— O primeiro obstáculo foi a falta de grana. Não é fácil ser jovem e iniciante nesse mercado. O audiovisual é um setor caro, que exige investimento, com equipamentos de valor elevado. Muita gente nos disse que aquela era uma profissão para gente mais abastada. E até pensamos, de fato, em desistir.

Apenas cogitaram, mas não se renderam. Recorreram ao cartão de crédito do irmão de Carlos para adquirir uma câmera semiprofissional em doze prestações. Só conseguiram comprar o primeiro equipamento profissional em 2014, depois de realizarem inúmeros trabalhos e economizarem tudo que podiam. Ainda assim, encontraram outros entraves.

— Logo ocorreu uma saturação no mercado — conta Carol. — Com a alta das redes sociais como o YouTube, houve muita demanda na área, mas também aumentou substancialmente a oferta, o que desvalorizou a mão de obra. Então, precisamos trabalhar em dobro para juntar dinheiro, qualificar a produção e ganhar competitividade no mercado.

A dupla pensou muito sobre o modelo de negócios, empatizando com seus clientes e pensando sobre o que as empresas estão buscando além com seus vídeos. O resultado foi uma parceria com bons roteiristas para valorizar, refinar e sofisticar os conteúdos. Além disso, Carol fez um curso de efeitos especiais e visuais para vídeos, o que permitiu uma riqueza de detalhes não tão comum no mercado. Dessa forma, a produtora tem hoje uma marca de qualidade que a destaca da concorrência e colabora na fidelização dos clientes.

Em meados de 2021, a empresa seguia firme. Tinha contratos com companhias de energia solar, transportes e construção civil, para as quais produzia regularmente vídeos institucionais.

Muita gente pergunta a Carlos e Carol por que ralam todos os dias, da manhã até a noite, se poderiam ter mais sossego como funcionários convencionais de uma empresa já consolidada. Carlos tem a resposta na ponta da língua.

— Na verdade, nos vemos como trabalhadores. Mas buscamos autonomia para fazer algo diferente, com a nossa cara, algo que produza impacto social e cultural. É o nosso sonho desde o ensino médio. Vemos o nosso país numa situação muito delicada, na política e na economia. Preservar nossos pequenos empreendimentos é também uma forma de resistência.

CONSIDERAÇÕES FINAIS

Parabéns!

Você está chegando ao final, e sabemos como a caminhada foi árdua. Arriscamos dizer, no entanto, que você aprendeu muita coisa, não é mesmo?

Por isso, terminamos este livro perguntando a você: que tipo de empreendedor você quer ser?

Porque desejamos, sinceramente, que você encontre um caminho de êxito na transformação

de seu talento, com ética, respeito, seriedade, profissionalismo e empatia. É o principal propósito deste livro.

Agora só nos resta desejar-lhe sucesso. Lembre-se: volte sempre que precisar. Reveja os conceitos! Também será uma grande alegria receber notícias de seus avanços. Estaremos, em todos os momentos, torcendo muito por você, que, junto com outros empreendedores, está construindo a riqueza deste país.

ANEXO A

Sistema tributário brasileiro

As empresas devem pagar impostos ao governo. Dependendo de sua atividade econômica, terão obrigações com os governos federal, estadual e municipal.

A seguir, entenderemos um pouco como é o sistema tributário brasileiro, ou seja, quais os tributos que existem para as empresas em nosso país.

Para entender os tributos, precisamos conhecer alguns elementos que usamos para calculá-los: o fato gerador, a alíquota e a base de cálculo.

FATO GERADOR é o ato que gera a obrigação de pagar um tributo.

Quando você compra alguma coisa em uma loja, o comerciante é obrigado a dar-lhe uma nota fiscal. A emissão dessa nota gera para ele a obrigação de recolher (pagar ao governo) alguns impostos, como o ICMS, o IPI, o PIS e a Cofins. Assim, nesse caso, a emissão de nota fiscal é o fato gerador, pois esta cria a obrigação de recolher um imposto. É ilegal fazer uma venda sem nota fiscal porque, sem a emissão, os tributos relativos àquela venda não serão recolhidos. A venda sem nota fiscal caracteriza sonegação de impostos.

ALÍQUOTA é a porcentagem que temos que pagar de imposto.

Por exemplo, a alíquota do ICMS no Brasil varia entre 17% e 18%, mas pode ter significativas diferenças de estado para estado. Além disso, operações interestaduais têm uma tabela específica de ICMS. O mesmo ocorre com alguns produtos, como artigos de luxo, armas, bebidas e cigarros. Alíquotas também podem ser menores em itens considerados essenciais ou estratégicos, como máquinas e determinados alimentos.

BASE DE CÁLCULO: Falamos que uma empresa tem que pagar 5% de ISS. Mas 5% de quê? Essa base sobre a qual aplicamos os 5% é a base de cálculo.

Normalmente, a base de cálculo é o valor de venda incluído na nota fiscal. Para o Imposto de Renda, será o lucro da empresa, com alguns ajustes determinados por lei. A seguir, veremos detalhadamente os principais tributos que afetam as atividades das empresas.

Gostaria de lembrar, no entanto, que este texto é apenas ilustrativo e os exemplos apresentados são simplificados. Muitas variáveis podem afetar a forma como sua empresa é tributada. Dessa forma, este livro não deve ser usado como guia definitivo.

Ao abrir uma empresa e formar seu preço de venda, consulte um contador para verificar qual será exatamente sua carga tributária e como deve ser seu recolhimento. Vale lembrar que até o fechamento desta nova edição o Congresso Nacional seguia discutindo uma reforma tributária, capaz de alterar a estrutura de arrecadação no país.

Isso não significa que as informações do capítulo não sejam relevantes. Conhecer o que exponho aqui será a base para entender a situação tributária específica de sua empresa e as mudanças que os governos venham a fazer no futuro.

Tributos federais

Imposto de Renda pessoa jurídica

O Imposto de Renda é aplicado sobre o lucro das empresas. Sua alíquota geral é 15%, mais 10% de adicional de imposto sobre o valor do lucro anual superior a R$240.000. O imposto de renda pode ser recolhido dentro de dois regimes: o regime de lucro presumido e o regime do lucro real.

Imposto de Renda pelo lucro presumido

Nesse caso, a alíquota do Imposto de Renda incide sobre uma porcentagem do faturamento, que varia de acordo com a atividade da empresa, como vemos na tabela a seguir. Podem optar por esse regime empresas que faturam até R$78 milhões por ano.

Atividade	Porcentagem da receita
Serviços	32%
Comércio	8%

Exemplo de cálculo do Imposto de Renda pelo lucro presumido

Receita do período	1.500.000
% da receita sujeita a imposto: 32%	480.000
Imposto de renda: 15%	72.000
Adicional de 10% sobre o lucro que excedeu 240.000	24.000
Total a pagar (72.000 + 24.000)	96.000

Tributação do Imposto de Renda pelo lucro real

Esse regime é obrigatório para empresas que faturam mais de R$78 milhões por ano, ou alguns tipos de negócios, como bancos, cooperativas de crédito, sociedades de crédito imobiliário, entidades de previdência aberta, companhias de factoring, empresas que obtiveram lucros e fluxo de capital com origem estrangeira e empresas que recebem benefícios fiscais.

Nesse caso, a base de cálculo do imposto é o lucro real do período. A empresa pode se beneficiar de algumas deduções previstas em lei. Exemplo de cálculo do Imposto de Renda pelo lucro real:

Receita do período	1.500.000
Despesas do período	600.000
Lucro operacional	900.000
Imposto de renda: 15%	135.000
Adicional de 10% sobre o lucro que excedeu 240.000	66.000
Total a recolher (135.000 + 66.000)	201.000

Contribuição Social Sobre o Lucro — CSSL

A CSSL tem uma alíquota de 9% sobre o lucro da empresa, e a base de cálculo é a mesma do imposto de renda, tanto pelo regime do lucro presumido como pelo do lucro real.

Exemplo de cálculo da CSSL no regime do lucro presumido:

Receita do período	1.500.000
% da receita sujeita a imposto: 32%	480.000
CSSL: 9%	43.200

Tributação da CSSL no regime do lucro real:

Receita do período	1.500.000
Despesas do período	600.000
Lucro operacional	900.000
CSSL: 9%	81.000

PIS

Significa Programa de Integração Social, e a alíquota pode ser de 0,65%, no caso de não haver crédito do tributo embutido nas compras da empresa, ou 1,65%, no caso das empresas que se creditam do tributo pago.

Exemplo de recolhimento do PIS:

Receita bruta	50.000
PIS a recolher (0,65%)	325

PIS com crédito do imposto embutido:

Receita bruta	50.000
PIS (1,65%)	825
PIS a creditar	(330)
PIS a recolher	495

COFINS

Significa Contribuição para o Financiamento da Seguridade Social. Sua alíquota é de 3% para empresas que não se creditam da Cofins embutida em suas compras, e 7,6% para as que optam por se creditar do imposto embutido em suas compras.

Exemplo de recolhimento da Cofins:

Sem crédito da Cofins embutido nas compras:

Receita do período	50.000
Cofins a recolher (3%)	1.500

Com crédito da Cofins embutido nas compras:

Receita bruta	50.000
Cofins (7,6%)	3.800
Cofins a creditar	(1.520)
Cofins a recolher	2.280

Imposto sobre Produtos Industrializados — IPI

O IPI (Imposto sobre Produtos Industrializados) incide sobre produtos que sofreram algum tipo de transformação. A base de cálculo é o preço de venda indicado na nota fiscal. Sua alíquota é definida em uma tabela publicada pelo governo, a TIPI, e varia de produto a produto.

No IPI, a empresa também deve creditar-se do imposto pago em suas matérias-primas, conforme mostramos no exemplo a seguir:

Preço de venda de um produto	100
IPI incidente: 10%	10
Crédito de IPI embutido nas matérias-primas	(3)

Principais tributos estaduais

Imposto Sobre a Circulação de Mercadorias e Prestação de Serviços de Transporte Interestadual e Intermunicipal — ICMS

O ICMS incide sobre a comercialização de produtos, e sua alíquota é definida e regulamentada pelo governo de cada estado. A empresa também pode se creditar do valor embutido de ICMS nas matérias-primas compradas, conforme o exemplo a seguir.

Um comerciante vende calçados a um preço de R$80 o par. Ele comprou do fabricante o mesmo par a R$18, no mesmo estado. Vamos ver como ficará o recolhimento de ICMS.

Compra de mercadoria	18
ICMS recolhido pelos fornecedores das mercadorias vendidas	3,24
Preço de venda do produto	80
ICMS a recolher pela venda do produto	14,40
Crédito de ICMS	3,24
Valor líquido de imposto a recolher	R$14,40 - R$3,24 = R$11,16

As vendas que envolvem estados de origem e destinos diferentes têm outro tipo de alíquota de ICMS. É o caso da venda de um produto fabricado na Bahia que será entregue e pago em Minas Gerais. Alguns alimentos essenciais, máquinas consideradas estratégicas, assim como artigos de luxo, armas, munições, cigarros e bebidas têm tributação de ICMS diferenciada. Dada a variação que existe em cada estado e por tipo de produto, vale a pena entender a legislação de ICMS do estado onde você vai trabalhar. Peça ajuda ao seu contador.

Principais tributos municipais

Imposto Sobre Serviços — ISS

Incide sobre a prestação de serviços de qualquer natureza. A base de cálculo é o valor total do serviço constante na nota fiscal relativa ao serviço, e sua alíquota, normalmente de 5%, pode variar em cada município.

Exemplo de cálculo do ISS:

Valor do serviço prestado na nota fiscal	5.000
Alíquota de ISS (5%)	250

Regimes especiais para empreendedores

O Simples

O Sistema Integrado de Pagamentos de Impostos e Contribuições para Microempresas e Empresas de Pequeno Porte (Simples) é um regime tributário instituído pelo Governo Federal para beneficiar as pequenas empresas.

Além de reduzir a carga tributária, simplifica muito a escrituração contábil da empresa (manutenção de livros fiscais, documentos e registros).

Segundo a lei, podem se enquadrar nesse regime empresas que faturam até 4,8 milhões por ano. O valor do imposto corresponde de modo geral a 9,3% do faturamento. Quando opta pelo sistema, a microempresa paga todos os seus impostos em uma única guia, o Documento de Arrecadação do Simples Nacional (DAS). As alíquotas podem ter variações de acordo com o segmento e o faturamento da companhia.

O Simples permite ao empresário recolher um único imposto mensal, unificado, que substitui todos os seguintes impostos e contribuições:

a. Imposto Sobre a Renda da Pessoa Jurídica (IRPJ)
b. Contribuição para os Programas de Integração Social (PIS)
c. Contribuição Social Sobre o Lucro (CSSL)

d. Contribuição para Financiamento da Seguridade Social (Cofins)

e. Imposto Sobre Produtos Industrializados (IPI)

f. Contribuições para a Seguridade Social, a cargo da pessoa jurídica (INSS)

SIMEI

É o regime fiscal dos microempreendedores individuais (MEIs), em que o recolhimento é realizado com base em valores fixos mensais. Os impostos são reunidos em um único documento de arrecadação, a Declaração Anual do Simples Nacional (DASN — SIMEI). Quando se torna microempreendedor individual (MEI), o trabalhador é enquadrado no Simples Nacional e se torna isento de tributos federais, como Imposto de Renda, PIS, Cofins, IPI e CSLL. O INSS está fixado em 5% do salário-mínimo, o que garante benefícios como auxílio-maternidade, auxílio-doença e aposentadoria. Os valores mensais para o ano de 2020 foram os seguintes:

R$52,25 (para quem não recolhe ISS e nem ICMS)

R$53,25 (para quem recolhe ICMS — comércio)

R$57,25 (para quem recolhe ISS — serviço)

R$58,25 (para quem recolhe ISS e ICMS — comércio e serviço)

Os valores pagos correspondem a:

R$5 de ISS, caso seja contribuinte deste imposto.

R$1 de ICMS, caso seja contribuinte deste imposto.

5% do valor do salário-mínimo.

Encargos sociais

Os encargos sociais são recolhidos quando a empresa contrata funcionários com carteira assinada. A seguir, veremos quais encargos incidem sobre os salários.

Para isso, imagine que um funcionário trabalhe com carteira assinada e receba salário de R$5.000. Quanto ele vai custar para a empresa? A seguir você tem um exemplo do cálculo de alguns custos e encargos que incidem sobre uma hora trabalhada. Os valores podem variar de setor para setor e também em função de negociações com os sindicatos de cada área.

Grupo A	**Encargos sociais básicos**	**Valor % sem horas extras**
1	INSS	20%
2	FGTS	8,0%
3	Sesi/Senai/Sebrae	2,5%
4	Salário-educação	2,5%
5	Seguro contra acidentes de trabalho	3%
	Total do Grupo A	**36%**
Grupo B	**Encargos que recebem incidência de A**	
1	Férias acrescidas de 1/3	10 %
2	Auxílio-enfermidade	0,5%
3	Auxílio contra acidentes de trabalho	0,5%
5	Décimo terceiro salário	8 %
	Total do Grupo B	**19%**
Grupo C	**Encargos que não recebem incidência de A**	
1	Multa para rescisão de contrato de trabalho sem justa causa	2,5%
2	Aviso prévio indenizado	2,5%
	Total do Grupo C	5%
Grupo D	**Taxas de reincidências**	
1	Incidência do Grupo A sobre o B	8%
	Total do Grupo D	**8, %**
	Total Geral	**68%**

As tabelas são apenas ilustrativas, cada caso pode ter suas próprias especificidades previstas em lei. Consulte sempre um contador para calcular os tributos e encargos sociais que incidem sobre seu negócio! Não se arrisque a fazer sozinho todos esses cálculos, pois há muitos detalhes e minúcias a conhecer.

E também não se arrisque a contratar pessoas em horário integral sem assinar carteira. Um dia você pode ser alvo de uma fiscalização ou mesmo de um processo movido pelo funcionário que prestou serviços sem registro. Nesses casos, você poderá ser obrigado a saldar uma dívida trabalhista, acrescida de multas.

Algumas dicas sobre tributos

Muitas empresas encontram dificuldades porque escolhem o regime tributário inadequado. Quando isso ocorre, podem reduzir substancialmente a margem de lucro, comprometer o processo de crescimento ou até mesmo inviabilizar o negócio. Além disso, a companhia pode sofrer com a burocracia agregada ao cumprimento de suas obrigações com o fisco. Efetivamente, mesmo com a criação do Simples, nossa legislação tributária segue como uma das mais complexas do mundo e exige atenção permanente aos controles contábeis e financeiros.

A pergunta que os pequenos empreendedores sempre fazem é: há como diminuir a carga tributária de uma empresa? Uma boa gestão contábil da empresa ajuda muito a racionalizar o pagamento de impostos.

O Simples é um regime menos complicado e com alíquotas, em geral, reduzidas, mas nem sempre é a opção tributária mais apropriada para uma companhia. Mas por quê? Porque as alíquotas são progressivas nas faixas de faturamento, o que não acontece com os regimes de Lucro Presumido e Lucro Real. Em algumas situações, a faixa em que o negócio se enquadra pode estabelecer valores de impostos mais altos do que em outro regime tributário. No caso do Simples, convém lembrar, não existe a possibilidade de aquisição de créditos para a dedução de tributos.

Vale também escolher fornecedores do mesmo estado. Quando uma companhia compra produtos de outra unidade da federação, é obrigada a pagar a Diferença de Alíquota (Difal) de ICMS. O ideal, portanto, é buscar parceiros locais, que ofereçam os mesmos insumos, com a qualidade requerida, em um regime equilibrado e duradouro de preços.

No caso de não optantes pelo Simples, vale a pena ficar de olho em incentivos fiscais, os programas que geram isenções ou redução de alíquotas. Nesses casos, é sempre necessária uma contrapartida da empresa. É o caso, por exemplo, da Lei Federal de Incentivo à Cultura (Lei 8.313, de 23 de dezembro de 1991). O percentual disponível é de 6% do IRPF, para pessoas físicas, e de 4% de IRPJ, para pessoas jurídicas.

Também é importante investir em um planejamento tributário estratégico, inclusive com um esforço permanente para revisar e corrigir condutas e rotinas de controle administrativo e contábil. Medidas simples de adequação às leis e normas podem evitar multas, reduzir custos fiscais e aumentar a lucratividade da empresa.

Por fim, é importante lembrar que ainda precisamos de uma reforma tributária em nosso país, de forma a desburocratizar o sistema, tornar mais ágil a arrecadação e, principalmente, constituir um sistema mais justo de contribuição. Essa causa deve ser de todos nós.

IMPORTANTE! Consulte sempre um contador para calcular os tributos e encargos sociais que incidem sobre seu negócio! Este é um assunto complexo, e convém contar com a assessoria permanente de um profissional qualificado.

ÉTICA E RESPONSABILIDADE SOCIAL

Os brasileiros tradicionalmente se queixam do valor dos impostos. Alegam que não enxergam o resultado dessa contribuição nos campos de saúde, educação, segurança e previdência. Alguns afirmam: "Não vou pagar impostos, porque o governo some com o dinheiro."

Outros dizem: "Se tanta gente sonega impostos, por que eu vou pagar?" São ideias equivocadas, mesmo que muitos governantes realmente apliquem mal esses recursos. O país tem sistemas de educação, saúde, obras públicas e previdência, por exemplo, que precisam ser mantidos.

Lembre-se: quem elegeu os governantes atuais foi o povo, por meio do voto. Mas a democracia não para por aí. É preciso estar atento para verificar se os políticos estão respeitando as leis, se aplicam corretamente os valores apurados com impostos e se realmente trabalham pelo bem das pessoas. Fique de olho no vereador, no prefeito, no deputado estadual, no governador, no deputado federal, no senador e no presidente da República. Cobre deles sempre que considerar necessário. Esse é um direito seu.

Para os antigos gregos, a política era o conjunto das ações de organização, direção e administração da *polis*, ou seja, da cidade-estado. No conceito moderno, é tudo que influencia a manutenção, normatização e desenvolvimento da vida coletiva. Nesse sentido, por exemplo, a conduta ética nos negócios é considerada também um ato político, pois tem consequências sobre a vida em sociedade.

ANEXO B

Plano de negócios

O plano de negócios é um documento que traz toda a caracterização de um negócio. É importante para se iniciar uma empresa, constituir uma nova unidade de negócios ou reorganizar uma companhia já existente. É fundamental para se determinar de que modo uma atividade poderá se tornar sustentável e lucrativa.

A seguir, incluímos um roteiro de plano de negócios. Você pode verificar que ele praticamente tem a mesma estrutura seguida no livro.

1

DESCRIÇÃO DAS LINHAS GERAIS DO NEGÓCIO

Oportunidade de Mercado Detectada

Descreva qual foi a oportunidade detectada para montar seu negócio.

Descrição do Negócio

Descreva de que maneira a empresa aproveitará a oportunidade percebida. Como será transformada em produtos, serviços e benefícios ao cliente.

Missão

Descreva em um parágrafo a missão de seu negócio (a razão de ele existir).

Visão

Descreva brevemente como seu negócio deverá estar em um futuro próximo (cinco anos).

Objetivos Estratégicos

Detalhe seus objetivos estratégicos a partir da missão e da visão.

Valores

Descreva os valores de sua organização.

2

RESUMO DA EMPRESA

Forma Jurídica

Descreva o tipo de sociedade escolhido.

Sócios

Quem são os sócios e como suas habilidades agregam valor ao negócio.

Localização

Onde estará sediada a empresa

Resumo do Início das atividades

Como serão os primeiros seis meses de atividades da organização.

Mercado Potencial

Descreva o mercado potencial. Determine que universo de pessoas poderá comprar seu produto ou serviço.

Análise da Concorrência

Identifique seus principais concorrentes e determine quais são seus pontos fortes e fracos.

Análise do Microambiente

Se houver necessidade, descreva como fornecedores, substitutos e intermediários afetam seu negócio. Verifique se seu setor de mercado pode ser disputado por novos concorrentes (entrantes).

Análise do Macroambiente

Descreva brevemente, caso necessário, como políticas governamentais, mudanças culturais, avanços tecnológicos, questões ambientais-climáticas e alterações demográficas podem influenciar seu negócio.

Barreiras de Entrada e Saída

Existem barreiras de entrada? Descreva-as. Existem barreiras de saída? Descreva-as.

Segmentação de Mercado

Seu público-alvo é segmentado de alguma maneira? Descreva.

Perfil do Consumidor

Descreva as principais características de seus consumidores.

Mensuração do Mercado

Defina o tamanho do mercado potencial. Defina a participação de mercado que deseja atingir e quanto isso representa em volume de vendas.

Definição da Estratégia do Negócio

Qual a estratégia utilizada para agregar valor ao cliente? Inovação do produto? Diferenciação de atendimento? Forma de pagamento? Custo? Aposta em nicho de mercado? Por quê?

Produto

Descreva seu produto ou linha de produtos.

Quais são os atributos relevantes de seu produto? Que benefício representa aos clientes potenciais? Qual é seu ciclo de vida?

Preço

Detalhe a estratégia de mercado utilizada para definir os preços.

Promoção

Descreva as estratégias que utilizará para divulgar seus produtos e serviços por meio de propaganda, promoção de vendas e relações públicas.

Distribuição e Vendas

Descreva a estratégia de distribuição e vendas da empresa, indicando se utilizará intermediários e como será a relação com esses parceiros.

Organograma

Defina o organograma da organização.

Plano Estratégico de Recursos Humanos

Defina os cargos e a distribuição de tarefas em linhas gerais. Destaque, se necessário, a capacitação necessária, o desempenho esperado, as responsabilidades e a remuneração dos principais membros da equipe.

Analise a rentabilidade e a atratividade do negócio por meio de custo de oportunidade do investimento, taxa interna de retorno e valor presente líquido.

Defina o ponto de exposição máxima de caixa (valor máximo negativo encontrado no fluxo de caixa líquido).

Necessidade de Investimento Inicial

Cronograma de desembolsos

Atividade/Meses	1	2	3

Projeção de receita

Mês	1	2	3	4	5	6	7	8	9	10	11	12	Total ano 1
Volume de vendas													
Preço unitário													
Receita de vendas													

Projeção anual de receitas

Ano	1	2	3	4	5
Volume de vendas					
Preço unitário					
Receita de vendas					
Custo de vendas					

Tributos

Descreva quais os tributos recolhidos pela empresa.

Custos Fixos e Variáveis

Custos variáveis	
Item	Valor
Total	

Custos fixos mensais	
Item	Valor
Total	

7

PLANEJAMENTO FINANCEIRO

Ponto de equilíbrio

Calcule seu ponto de equilíbrio.

Projeção do fluxo de caixa para o primeiro ano

Mês	1	2	3	4	5	6	7	8	9	10	11	12	Ano 1
Receita bruta													
Deduções													
Impostos incidentes sobre a receita													
Receita líquida													
Custos variáveis													
Margem de contribuição													
Despesas fixas													
Lucro operacional													
Impostos incidentes sobre o lucro													
Lucro líquido													
Investimento em ativos fixos													
Investimento em capital de giro													
Fluxo de caixa líquido													

Projeção do fluxo de caixa para cinco anos

Ano	0	1	2	3	4	5
Investimento inicial						
Receita						
Impostos incidentes sobre a Receita						
Custos variáveis						
Margem de contribuição						
Despesas fixas						
Lucro operacional						
Impostos incidentes sobre o lucro						
Investimento em ativos fixos						
Investimento em capital de giro						
Fluxo de caixa líquido						

Análise da Atratividade do Negócio

Analise a rentabilidade e a atratividade do negócio por meio de custo de oportunidade do investimento, taxa interna de retorno e valor presente líquido.

Defina o ponto de exposição máxima de caixa (valor máximo negativo encontrado no fluxo de caixa líquido).

Esteja pronto para revisar esses números quando necessário!

ANEXO C

UMA VISÃO MODERNA DO MODELO DE NEGÓCIOS: O CANVAS

Compreendendo as lições de Alexander Osterwalder e Yves Pigneur

Alexander Osterwalder, nascido em 1974, na Suíça, é um conceituado teórico dos negócios, também escritor, consultor e empreendedor. Em 1999, com apenas 25 anos, ele cofundou sua primeira empresa, a Netfinance. Atuando também como jornalista, ele desenvolveu as ideias do chamado *Business Model Canvas*, que é um sistema prático de organização de ideias e procedimentos para quem pretende montar uma empresa.

Seu parceiro de pesquisa é Yves Pigneur, nascido em 1954, um cientista da computação belga, professor na Universidade de Lausanne. É considerado um mestre em estratégia de negócios, e seus modelos são utilizados por grandes empresas, como Amazon, Tesla e P&G.

Ah, sim, e o que é afinal, o *Business Model Canvas*?

Trata-se de uma representação esquematizada de um negócio, reunindo conceitos sobre sua natureza básica, proposta de valor para o cliente, os produtos ou serviços, seu sistema de operação e logística, o público-alvo, a forma de obter rentabilidade, seus objetivos e a ideia de consolidação e crescimento. Você já viu todos esses conceitos.

Então o que é bacana e inovador no tal *Business Model Generation (BMG)* dessa dupla famosa?

Bem, a grande diferença é que eles deixam de lado os modelos complicados e cheios de termos técnicos que marcavam os projetos empresariais do passado, feitos, sobretudo, para investimentos em mercados bem definidos e previsíveis.

O BMG é muito mais simples, claro e democrático. Sim, serve para uma empresa gigante que vai extrair ferro em Minas Gerais, mas também é uma ótima ferramenta para a Dona Sônia, que pretende utilizar suas habilidades de costureira para criar uma loja de roupas descoladas na Rocinha.

Osterwalder e Pigneur partiram de uma ideia que foi transformada em desenho, para facilitar a compreensão. Parece mais um tabuleiro...

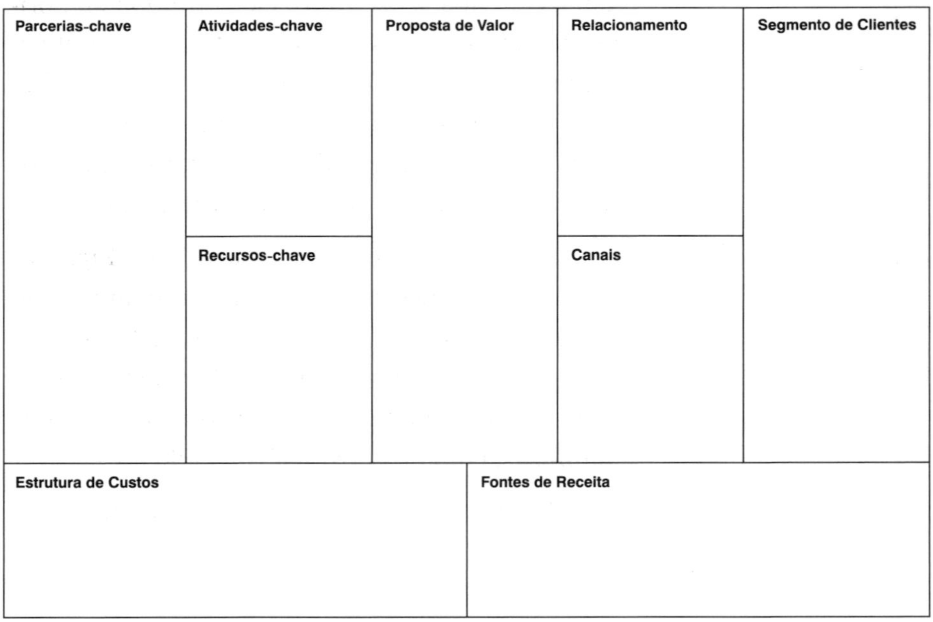

Você já conhece todos os termos citados, pois foram tratados ao longo do livro. Por isso incluímos apenas um breve recordatório.

Qual o modelo mais utilizado: o plano de negócios tradicional ou o modelo Canvas? Depende do contexto e da situação. Por isso incluímos os dois. Conhecendo as duas ferramentas, você estará preparado para usá-las quando surgir a situação.

A seguir, apenas um recordatório do que deve ser incluído em cada espaço da tabela. Se tiver dificuldades, volte aos capítulos que tratam de cada tema específico.

1. **Segmento de Clientes** — Determina as pessoas, os grupos ou as organizações que uma empresa busca servir.
2. **Proposta de Valor** — O termo "valor" se refere a um benefício tangível (físico) ou intangível (não físico) que se oferece ao possível cliente. A proposta de valor é a forma como um produto ou serviço atenderá às necessidades e desejos dos clientes potenciais.
3. **Canais** — É como transita a proposta de valor. Como os benefícios são oferecidos e levados até as pessoas por um modelo de comunicação, distribuição e vendas.
4. **Relacionamento com Clientes** — É um desdobramento da comunicação, estabelecida de modo mais íntimo e particularizado. É como a empresa demonstra interesse e cuidado por aqueles que consomem seus produtos e serviços.
5. **Fontes de Receita** — É tudo aquilo que resulta do sucesso na oferta de propostas de valor aos clientes. Conquistar e fidelizar a clientela tem que se traduzir em incremento de receitas e, por consequência, da lucratividade.
6. **Recursos Principais** — Podem ser físicos, financeiros e humanos. Para produzir almofadas, precisamos de máquinas de costura, tecidos de boa qualidade, assim como costureiras talentosas. Por outro lado, o processo de produzir até o momento da venda pode exigir capital de giro, entre outras necessidades financeiras.

7. **Atividades-chave** — São as ações mais importantes para que um negócio funcione. Lembra de nossa conversa sobre processos? Sílvia precisa ter os melhores tecidos, linhas e espumas para desenvolver, fabricar e entregar suas almofadas. Essa é sua atividade principal, que não pode ter falhas. Almofadas que furam, por exemplo, logo espalham o recheio e frustram os compradores. Daí a importância da qualificação constante do trabalho. Sílvia precisa saber a quem se destina cada almofada. Se for para o quarto de crianças traquinas, por exemplo, precisa de um tecido reforçado e de costuras duplas. É assim que manterá o prestígio de seu negócio.
8. **Parcerias Principais** — Muitas vezes, algumas atividades são terceirizadas, e determinados recursos são adquiridos fora da empresa. Por esse motivo, são criadas alianças estratégicas. Joaquim descobriu que muitos de seus clientes de Bangu, um lugar muito quente, adorariam se a padaria oferecesse sorvetes de massa, aqueles que vêm em copinhos ou cornetos. Como não dominava as técnicas necessárias, estabeleceu uma parceria com Joaninha, que tem uma máquina que fabrica o produto na hora. Ela, que antes trabalhava na rua, agora tem um belo espaço na entrada da padaria. Seus lucros ampliados são divididos com o proprietário do espaço.
9. **Estrutura de Custo** — Você já deve ter ouvido aquela célebre frase: "Não existe almoço de graça." Pois é, não existe mesmo. Alguém está sempre pagando. Para saber se uma atividade é sustentável e lucrativa, é preciso contabilizar todos os custos. Antes de fechar a parceria com Joaninha, nosso amigo Joaquim avaliou os custos de energia elétrica da máquina sorveteira, os gastos com limpeza e sua participação na montagem do quiosque. Somente depois desses procedimentos pôde avaliar quando teria o retorno de seu investimento.

Agora é a sua vez!

Parcerias-chave	Atividades-chave	Proposta de Valor	Relacionamento	Segmento de Clientes
	Recursos-chave		Canais	

Estrutura de Custos	Fontes de Receita

BIBLIOGRAFIA

AAKER, D. A.; KUMAR, V.; DAY, G. S. *Marketing Research*. 13. ed. Nova York: John Wiley & Sons, 2001.

ASSAF, A. N. *Valuation*. 4. ed. São Paulo: Atlas, 2021.

BATEMAN, T.; SNELL, S. *Administração:* construindo vantagem competitiva. São Paulo: Atlas, 1998.

BLUTTMAN, K. *Excel:* fórmulas e funções para leigos. 4. ed. Rio de Janeiro: Alta Books, 2019.

BREALEY, R. A.; MYERS, S. C.; ALLEN, F. *Principles of corporate finance*. 13. Ed. Nova York: Mac Graw-Hill, 2019.

BRIGHAM, E. F.; HOUSTON, J. F. *Fundamentals of Financial Management*. 15. ed. Boston: Cencage Learning, 2019.

BURNS, A. C.; VEECK, A. F.; BUSH, R. F. *Marketing Research*. Nova York: John Wiley & Sons, 2001. Essex: Pearson Education, 2017.

BYGRAVE, W. D.; ZACHARAKIS, A. *The Portable MBA in Entrepreneurship. 4. ed.* Nova York: John Wiley & Sons, 2010.

DAVID, F. R. *Strategic Anagement:* Concepts. 16. ed. Essex: Pearson Education, 2017.

DOLAN, R. J.; SIMON, H. *O poder dos preços.* São Paulo: Futura, 1998.

GITMAN, L. J. *Princípios de administração financeira.* 7. ed. Essex: Pearson Education, 2015.

HAGUE, P.; JACKSON, P. *Faça sua própria pesquisa de mercado.* São Paulo: Nobel, 1997.

IUDÍCIBUS, S. *Análise de balanços.* 11. ed. São Paulo: Atlas, 2019.

______. *Contabilidade introdutória.* 12. ed. São Paulo: Atlas, 2019.

KOTLER, P. *Princípios de marketing.* 15. ed. São Paulo: Pearson Education, 2014.

______. *Administração de marketing.* 15. ed. São Paulo: Pearson Education, 2019.

______. *Marketing 5.0:* tecnologia para a humanidade. Rio de Janeiro: Sextante, 2021.

MATTAR, F. N. *Pesquisa de marketing*: metodologia, planejamento, execução e análise. São Paulo: Atlas, 2013.

MARION, J. C.; RIBEIRO, O. M. *Introdução à contabilidade gerencial.* 3. ed. São Paulo: Saraiva, 2018.

OSTERWALDER, A.; PIGNEUR, Y. *Business Model Generation.* Rio de Janeiro: Alta Books, 2011.

PORTER, M. E. *Estratétia competitiva:* técnicas para análise de indústrias e da concorrência. São Paulo: Atlas, 2005.

RIES, E. *A startup enxuta.* Rio de Janeiro: Sextante, 2019.

SALIM, C. S.; RAMAL, S. A. ; RAMAL, A. C.; HOCHMANN, N.*Construindo planos de negócios.* 2. ed. Rio de Janeiro: Campus, 2005.

SOLOMON, M. R. *Comportamento do consumidor.* 11. ed. Porto Alegre: Bookman, 2016.

ÍNDICE

A

B

I

L

M

N

O

P

Este livro foi impresso nas oficinas gráficas da Editora Vozes Ltda.,
Rua Frei Luís, 100 – Petrópolis, RJ.